**초등! 돈 공부
골든타임**

*일러두기

1. 경제 관련 용어를 설명하고자 신조어(혜자스럽다, 현질), 줄임말(현타) 등을 사용했음을 밝힙니다.
2. 인용한 도서와 자료에서 이 책의 맞춤법 규정과 다른 부분이 있음을 밝힙니다.
3. 투자 부분에 예시로 든 주식 종목은 추천이 아닌 저자의 경험을 보여준 것임을 참고합니다.
4. 배당금 및 수익률은 당시 기준으로 출간 시점과 맞지 않을 수 있습니다.

초등! 돈 공부 골든타임

초판 1쇄 발행 2022년 8월 1일

지은이 윤지선
발행인 조상현
마케팅 조정빈
편집인 김주연
디자인 Design IF
펴낸곳 더디퍼런스

등록번호 제2018-000177호
주소 경기도 고양시 덕양구 큰골길 33-170 (오금동)
문의 02-712-7927
팩스 02-6974-1237
이메일 thedibooks@naver.com
홈페이지 www.thedifference.co.kr

ISBN 979-11-6125-360-2 (03370)

현직 교사가 전하는 우리 아이 '슈퍼리치 만들기'

초등!
돈 공부
골든타임

윤지선 지음

더디퍼런스

아이를 선량한 자본주의 키즈로
키우고 싶은 부모에게

당신은 민지(MZ)를 키우고 있는가? AI를 친구처럼 대하는 알파를 키우고 있는가? 당신이 민지(MZ)이거나 MZ세대에 관심 있는 사람이라면 이 책을 선택한 당신은 오늘 현명한 선택을 했다. 이 세상의 모든 민지와 민지의 부모들, 알파의 부모들에게 이 글이 닿길 바란다.

당신은 왜 가난에서 벗어나지 못하는가?

내 부모가 가난해서,

지금 생활에 만족해서,

아무리 발버둥 쳐도 근로소득이 오르지 않아서.

우리는 왜 가난에서 벗어나지 못하고, 왜 가난은 대물림되는 걸까?

그건 문맹 때문이다.

21세기에 문맹이라니 정확한 워딩인가?

더 정확히 말하자면 가난은 '금융문맹' 때문이다.

더 가슴 아프게 말하자면 '가난은 부모의 금융문맹' 때문이다.

중국에서 부자는 '자면서도 돈을 버는 사람'이라 했다. 그저 근로소득에 기대어 일개미처럼 열심히 사는 것만이 능사가 아닌 시대가 되었다. 내가 자는 동안에도 내 돈이 불어나고 있다면 그것보다 더 좋은 일이 있겠는가! 부모는 늙어 가며 또 병들어 간다. 언제까지 근로소득에 안주하며 평범한 부모로 머물러 있을 수는 없다. 가난의 고리를 끊고 내 아이가 선량한 자본주의 키즈가 될 수 있도록 지금 이 순간 금융 공부를 시작해야 한다.

대부분의 사람들이 '시골 쥐와 서울 쥐' 이야기를 알 것이다.

초록색 잎사귀로 뒤덮인 집에서 평화롭게 살던 시골 쥐는 높은 건물 꼭대기 쥐구멍에서 깨진 그릇을 침대 삼아 살고 있는 서울 쥐로부터 파티 초대장을 받는다. 시골 쥐는 으리으리한 빌딩을 구경하며 서울 쥐의 집으로 향한다. 시골 쥐가 잘 차려진 도시의 식탁에서 맛있는 음식을 먹고 있을 때 고양이와 주인이 들이닥쳐 두 쥐는 혼비백산 도망친다. 시골 집으로 돌아 온 시골 쥐는 역시 평화롭고 마음 편하게 사는 게 최고라며 다시는 도시에 가지 않을 거라 다짐한다.

이 이야기의 교훈은 '돈으로 행복을 살 수 없다'였다. 도시는 번잡스럽고 위험이 도사리며 평화롭지 않다. 역시 사람은 마음 편하게 사는 게 최고다. 우리에게 이 동화가 주는 암시는 이런 게 아니었을까 싶다. 하지만 정말 돈으로 행복을 살 수 없는가? 이러한 우문에 이 시대의 민지(MZ)들은 당당히 대답한다.

'돈 Worry, Be Happy'

돈이 있다면 행복하다. 누구나 행복이라는 가치를 돈으로 매길 수 없음을 안다. 하지만 돈으로 살 수 있는 만족감과 돈이 없어 불행할 확률 사이에서 우리는 어느 쪽을 선택할 것인가? 돈이 행복의 충분조건이 될 수는 없지만 필요조건인 건 분명하다.

2021년 수능 이후 가장 먼저 하고 싶은 일이 무엇이냐는 질문에 많은 아이들이 '아르바이트'라 답했다고 한다. '아르바이트'를 통해 번 돈으로 그동안 고생한 부모님께 선물을 사드리고 싶어서이다. 선물은 감사이고 행복이다. 분명하고 똑똑하게 돈이 행복을 가져 온다는 걸 믿는 아이들, 우리는 그들을 키우고 있다. 트렌디 한 단어로 이야기하자면 우리는 '자본주의가 낳은 아이들, 자본주의 키즈'의 부모들이다.

"지금 시작하고 나중에 완벽해져라!"

－롭무어 〈결단〉－

이 글을 보는 당신, 부디 지금 시작해라! Right Now!

소위 학군지의 아침을 들여다보면 부모들은 아이들을 학교에 보내고 삼삼오오 식당에 앉아 식사와 고민을 버무린 브런치를 즐긴다. 어떤 학원이 좋은지, 어떤 학원이 명문 대학을 많이 보냈는지, 내 아이의 영어 레벨이 얼마나 되는지, 유명 체인 수학 학원에서 내 아이를 받아줄지 등의 이야기로 걱정과 한숨, 기대가 섞인 대화를 꽃피운다.

내신 몇 점이면 인서울 대학을 갈 수 있고, '서연고, 서성한, 중경외시'를 주문처럼 외우며 대학의 수준을 나눈다. 부모들은 진지하고 고민은 깊다. 내 아이를 어떻게 하면 좋은 대학에 보낼 수 있을까? 그런 대화를 듣고 있자면 마치 아이의 인생은 대학까지인 것 같은 착각이 들기도 한다. 우리는 지금 대학까지만 보내면 끝인 달리기 골인 지점에서 아이를 기다리는 사람들이 아니다. 인생이라는 긴 마라톤 앞에서 내 아이의 인생을 설계하고 큰 계획을 짜야 하는 임무를 수행 중이다. 쉼터는 어디에 제공해야 하는지, 에너지 스낵과 물은 어디쯤에 배치해야 하는지 같은 것 말이다.

우리는 내 아이의 생애 전반을 고민해야 한다. 학원을 고민할 시간에 성인이 된 아이가 '경제적 자유인'으로 살아갈 지, '경제적 유목민'으로 살아갈 지를 고민하며 코스피와 나스닥 지수를 살펴야 한다. 어떻게 하면 내 아이를 선량한 자본주의 키즈로 키울지를 생각해야 한다.

수학 학원 레벨이 안 돼 따로 과외를 붙여 입학시키려는 학부모에게, 아이의 영어 학원 레벨이 자신의 명함인 것처럼 말하는 엄마들에게 아이의 주식 계좌가 있는지를 묻고 싶다. 아이에게 증여를 얼마나 했고, 어린이 펀드에 가입했는지 묻고 싶다. 또 증여를 위한 절세 방법을 아는지 묻고 싶다.

벼락부자와 벼락거지가 생겨나고 있다. 기준은 상대적인 것이라 강남에 사는 세입자는 스스로를 벼락거지라 생각하고, 그 전세 가격의 10분의 1도 안 되는 집을 소유한 어느 지역의 집주인은 자신의 삶에 만족하며 살고 있을지 모르겠다.

어떤 삶이 바람직한지 정답은 없다. 하지만 내 아이는 어떻게 자라길 희망하는가? 난 지금의 삶에 만족하며 유유자적 사는 걸 선택했다지만 내 아이가 온전히 홀로 맞설 세상에서 아이는 어떤 삶을 선택할지 우리는 알지 못한다. 어쩌면 내 아이는 강남 빌딩을 소유한 갓물주의 자녀와 친구가 되어 상대적 박탈감을 느낄 수도 있고, 유유자적한 삶을 선택한 당신을 원망할 수도 있다. 내 아이가 부모의 노후를 걱정하거나 주거 불안정에 시달리게 된다면 그때 부모 즉, 우리는 이미 늙어 버렸다. 그때 손쓰기에는 너무 늙어 버렸다는 뜻이다.

이제 우리는 선택해야 한다. 내 아이가 부모의 노후를 걱정하지 않아도 되는 삶을 살 수 있도록, 거주 불안정에 시달리지 않도록. 크루즈 여행이나 하며 노후를 보내는 부모가 될지, 노인을 위한 국가의 복지 기금에 의지하여 생활하는 부모가 될지 결정해야 한다.

자! 이제 여러분은 돈 공부를 할 것인가? 말 것인가?

마음의 준비가 되었다면 몇 가지 질문에 답을 해 보자.

· 당신은 경제적 자유인인가?

즉, 일하지 않아도 내 삶이 지금처럼 유지되는 삶을 살고 있는가?

· 당신은 오늘 새로운 돈벌이 수단을 찾기 위해 얼마나 공부했는가?

· 당신은 자녀의 경제적 자유를 위해 어떤 노력을 하고 있는가?

· 당신의 가정은 자녀의 경제적 자유를 위해 어떤 목표를 세웠는가?

· 마지막으로 당신은 자녀에게 경제 공부를 시킬 수 있는 현명한

부모인가?

다짜고짜 이런 질문을 하는 사람이 있다면 당신은 '그 사람 참 무례하군'이라며 얼굴을 붉힐 것인가? '이 사람은 나를 발전시켜 줄 사람이군'이라며 그의 손을 잡을 것인가?

필자의 마지막 질문이 무례하다고 생각한다면 부디 얼굴을 붉히지 말고 당신의 자녀를 위해 이 책을 끝까지 읽어 주길 바란다. 이 책은 당신과 당신의 자녀에게 경제적 자유를 선물할 수 있는 열쇠가 될 것이다.

우리는 어린 시절부터 타인과 돈에 대한 이야기를 나누는 것을 부끄럽게 여기는 문화 속에서 살아왔다. 내가 가진 재산이 얼마이며 부채는 얼마인지, 그것이 내 자랑거리가 되기도 하지만 시기의 대상이 되기도 하고 때로는 치부가 된다.

투자에 대해 말했다가는 드라마에서처럼 사기꾼에게 재산을 털릴

수도 있고, 섣불리 투자 조언을 했다가는 실패에 대한 책임을 지고 머리채를 잡힐 수 있다. 한마디로 돈에 대한 대화를 나누는 행위는 허풍이나 허세, 찌질함이나 하소연쯤으로 평가절하 되어 왔다.

얼마 전에 본 뉴스에서 유명 여행 전문가가 남편과 생활비를 반반씩 나누어 생활한다는 기사를 보았다. 그의 개인사를 알 필요도 없거니와 부부가 경제생활을 서로 독립적으로 한다는 게 기삿거리가 된다는 사실이 놀라웠다. 우리나라 가정에서 돈의 지출과 소득은 공유하는 게 당연하며, 사랑과 혈연으로 엮인 경제 공동체인 가정에서 개인들의 경제적 독립생활은 그만큼 이슈가 될 만한 일이라는 의미리라.

아이러니하게도 우리 가정은 '경제 공동체'이니 내 자녀의 경제생활을 인정하지 않는다. 아이가 필요한 게 있으면 부모인 내가 사 주면 그만이고, 부모의 기분이나 경제적 상황에 따라 아이의 의사는 중요하지 않은 변수로 치부된다. 아이의 저축 또한 부모의 경제적 상황과 형편상 결정된다. 왜냐하면 우리나라의 가정은 '경제적 공동체'니까. 맞다. 그것을 부정하려는 게 아니다. 하지만 왜 아이에게 의사 선택권은 주지 않는가?

우리는 유명 연예인이 어떻게 재테크를 해서 어떤 건물을 얼마에 매입했는지, 미국의 유명 투자가가 어떤 주식으로 얼마만큼의 수익을 얻었는지에 대해 관심이 많다. 그러나 그건 남의 이야기일 뿐 나는 그럭저럭 먹고살 만한 근로소득으로 일부를 저축하거나 투자하면서 평범하게 사는 것에 만족한다. 점심시간에 직장 동료와 혹은 학부모 브런치 모임에서 어디에 투자해 수익을 얻었다거나, 어느 부동산으로 시세 차익을 얻었다거나 하는 이야기를 가볍게 나눌지도 모르겠다. 그런데 집에서 가족끼리 특히 유치원이나 초등학생 아이와는 '돈' 이야기를 나누어 봤는가?

아이와 부모가 돈 이야기를 나누는 풍경을 상상해 보면 꽤 낯선 그림이 그려진다. 하지만 내가 아이에게 '돈' 공부를 시키지 않으면 내 아이도 나처럼 연예인의 부동산 시세 차익이나 유명 투자자의 주식 수익률에 침만 흘리는 어른이 될 수도 있다. 그래서 '돈' 공부는 가정에서 시작해야 한다. 아이와 '돈' 이야기를 하고 가정의 경제 상황에 대해 이야기 나누는 풍경을 낯설게 생각하지 말자. 아이도 '경제 공동체'인 가정의 일원이다.

지금 상황에서 당장 부모와 아이가 할 수 있는 '돈' 공부를 시작해 보자. 만약 시작할 용기가 있는 당신이라면 우리 가정뿐 아니라 사회에 좋은 영향력을 끼칠 수 있는 선한 '돈' 공부를 시작해 보자. 완벽하지 않아서 두렵다면 지금 시작하고 나중에 완벽해지면 된다.

요즘 아이들! 돈 공부를 어떻게 시작해야 할까?

사회가 지금보다는 좀 더 안전하다고 믿었던 과거에 어른들은 아이들에게 슈퍼마켓에서 콩나물이나 담배를 사 오라는 심부름을 곧잘 시켰다. 그때의 아이들은 물건 가격을 지불하고 남은 거스름돈을 손에 꼭 쥔 채 집으로 오거나, 심부름에 대한 보상으로 풍선껌을 사서 의기양양 풍선을 불며 오기도 했다. 또는 엄마 몰래 사 먹은 간식으로 회초리를 맞기도 했다. 사전에 합의되지 않은 지출로 인해 혼이 날 걸 각오하고 구입한 달고나 뽑기는 이름처럼 달달했다.

우리는 그때 그렇게 자연스러운 돈 공부를 했다. 그래서 정가와 할인가, 거스름돈, 필요한 물건과 필요하지 않은 물건, 충동구매, 기회비용에 대해 자연스럽게 체득할 수 있었다. 문방구에서 50원을 넣으면 할 수 있는 뽑기 게임은 아이들의 호기심과 기대 심리를 이용해 상술을 펼쳤고, 자꾸만 꽝이 나오면 본전 생각에 과한 매몰비용(지출한 비용 중 회수할 수 없는 비용)을 지출하기도 했다.

그런데 요즘 아이들은 어떠한가?

혹시 아이들의 손에 돈을 쥐어 주고 심부름을 시켜 본 적이 있는가? 고백하자면 필자는 어린 아이들의 손에 돈을 쥐어 준 적이 거의 없다. 세상이 무서우니 심부름은 시킬 엄두도 내 본 적이 없거니와 콩나물이나 두부 따위는 인터넷으로 시킨다. 내 아이는 대형마트의 카트에 타서 진열된 물건을 구경하긴 하지만 직접 돈을 지불하거나 거스름돈을 받아 본 적은 없다. 카드로 물건 값을 계산하니 실제로 돈이 오가는 풍경도 보지 못했다. 한마디로 내 아이는 경제생활의 주체로 소비의 주인이 된 적은 없다.

아이의 손에 현금을 쥐어 주는 것이 돈 공부의 시작은 아니다. 아이와 함께 '돈'에 대해 이야기하는 것, 가정의 수입과 지출, 물건을 산 후 영수증을 함께 살펴보는 것, 소비가 필요한 때와 불필요한 때, 저축과 투자에 대한 이야기를 자연스럽게 나누는 가정 문화를 만드는 게 돈 공부의 시작이라고 생각한다. 즉, 아이를 경제 주체로, 가정 경제 공동체의 일원으로 대우해 주는 것이 돈 공부의 시작이다. 다만 우리가 우려하고 조심할 부분은 내 아이가 단순히 '돈'에만 집중하는 것이다.

필자는 교실 속 아이들에게 아래와 같은 질문을 던지곤 한다.
"램프의 지니가 나온다면 어떤 소원을 빌거니?"
"투명 망토가 생긴다면 어디를 갈까?"
이 두 질문은 아이들의 욕구를 가장 쉽게 파악할 수 있는 방법이기 때문이다. 예전에는 "가족의 건강이요. 행복이요. 맛있는 음식이요." 했던 아이들이 "100억이요. 1,000억이요. 1조 달라고 할 거예요.", "은행을 가서 돈을 가져올 거예요."라고 답하기도 한다.
대한민국이 '돈'과 '투자'에 열광하는 시대이니 아이들도 '돈'에 열광한다. 그러나 '돈' 공부의 부재로 아이들이 생각하는 돈은 소비를 위한 '돈'에만 한정되어 있음을 느끼곤 한다.

필자는 우리 아이들이 소비를 위한 돈에 집중하지 않고 평생을 '경제적 자유'를 누리는 삶을 살기 위한 '돈'에 대해 공부했으면 한다. 또, 돈이 나만을 위한 것이 아니라 "내가 부자가 되어야 남을 돕고 세상이 행복해질 수 있다"는 선한 생각을 키워 나가길 바란다.

목차

GOLDEN
TIME

> **Part 1**

내 아이!
경제 천재 만들기
첫걸음

Part 2

돈 잘 버는 아이로 키우기, 소득

Part 3

돈 잘 쓰는 아이로 키우기, 소비

Part 4

돈 잘 모으는 아이로 키우기, 저축과 투자

Part 5

돈 가치 있게 쓰는 아이로 키우기, 기부

Part 6

바로 실천하는 우리 집 경제 교육

Part1

내 아이!
경제 천재 만들기
첫걸음

사랑한다는 이유로
'무한 퍼주기' 하는 부모
: 가스등 효과Gaslight effect

부모는 자식의 호구이다. 그것도 슈퍼 호구이다. 부모의 주머니를
열린 지갑으로 아는 자식과 '무한 퍼주기'가 사랑이라고 믿는 부
모가 있는 한 부모는 그야말로 자식의 슈퍼 호구가 된다.

마트 장난감 코너에서 대자로 누워 땡깡을 부리는 어린아이를
본 적이 있다. 그 모습이 귀엽기도 하지만 저 부모는 참 힘들겠다
는 생각이 든다. 내가 저 아이의 부모라면 난 어떻게 할까? 주위의
시선이 부끄러워 아이의 생떼와 장난감을 교환할 것인가? 그래도
안 되는 건 안 된다고 단호하게 훈육할 것인가? 아이의 장난감에
대한 간절한 소유욕은 태생인가 학습인가?

인간은 무소유를 실천하는 종교인이 아닌 이상 소유욕은 태생일 것이다. 그러나 아이가 부리는 저 생떼도 태생일까? 그건 분명 학습에서 기인했다고 단언할 수 있다. '한두 번 부모를 시험에 들게 해 보니 손쉽게 내 의지에 따라와 주더라' 하는 경험이 학습되어 아이는 부끄러움 없이 생떼를 부리며 바닥에 대자로 눕는다. 이럴 때 부모가 한 번 더 아이에게 져 주는 것이 사랑인가?

'떼를 쓰면 얻는다.' 이 명제가 성립하기 시작하면 부모는 아이에게 평생 호구 잡힌다.

물건을 사 줄 생각이 없다면 부모는 처음부터 마트 장난감 코너에 아이를 데리고 가지 말았어야 했다. 혹은 오늘은 '구경'만 하는 거라고 확실한 약속을 했어야 했다. 그럼에도 불구하고 아이가 생떼를 쓴다면 단호한 사랑을 보여 줘야 한다.

생각을 전환해 보자.
'떼를 쓰면 얻는다.'
이것이 내가 가장 사랑하는 내 아이를 경제 패배자로 만드는 주문이라면? 경제 활동의 핵심인 '합리적 선택'을 할 수 없도록 만드는 주문이라면 어떨까?

"라푼젤 머리를 내려다오~"

이 문장은 내가 아는 한 가장 무서운 이야기의 시작을 알리는 주문이다. 디즈니 애니메이션 〈라푼젤(Tangled)〉의 새엄마는 탑 위에 올라갈 때마다 라푼젤을 다정한 목소리로 부른다. 자신의 젊음을 유지하기 위해 마법의 머리카락을 지닌 라푼젤을 납치해 18년 동안 높은 탑에 가둔 그녀는 라푼젤에게는 가장 좋은 엄마이다. 두렵고 무서운 세상에서 라푼젤을 지킬 수 있는 유일한 존재이기 때문이다. 새엄마는 수갑을 채우거나 밧줄로 결박하지 않고도 '너를 세상에서 가장 사랑하는 사람은 엄마야'라는 말로 라푼젤을 18년이나 성에 가두는 데 성공했다.

영화 〈가스등〉에서 부유한 상속녀와 결혼한 남자는 아내의 재산을 가로채기 위해 그녀를 정신병자로 몰아간다. 남자는 일부러 밤마다 가스등의 불빛을 희미하게 하고 다락방에서 소음을 일으킨다. 여자는 가스등이 희미해지고 있으며 다락방에서 계속 소음이 들린다고 남자에게 말한다. 하지만 남자는 여자가 상상 속에서 꾸며 낸 일이며 결국 미쳤다며 여자를 몰아세운다. 매일매일 자신을 아끼고 사랑하며 지켜 주는 남자가 하는 말이기에 여자도 스스로 자신이 미친 게 아닌가 의심하기 시작한다.

요즘 자주 등장하는 '가스라이팅'은 이 영화에서 나온 심리학 용어이다. 타인의 심리나 상황을 교묘하게 조작해서 스스로를 끊임없이 의심하게 만들어 타인에 대한 지배력을 강화하는, 즉 정신적 학대 행위이다. 이건 마치 매일 가정 폭력에 시달리는 여자가 나는 맞을 만하다고 생각하는 심리와 비슷하다.

라푼젤이 신체적 결박 없이 스스로 탑 안에서 나올 생각을 못한 것은 '엄마가 다 알아. 엄마처럼 널 잘 아는 사람은 없어. 다 널 위한 거야.'라는 엄마의 속삭임 때문이었다.

왜 필자가 '라푼젤 머리를 내려다오~'라는 노랫가락이 세상에서 가장 무서운 말이라고 했는지 눈치를 챘는가? 자신을 가장 사랑한다고 믿는 사람에게 끊임없이 세뇌당한다는 건 정말 끔찍할 만큼 무서운 일이다.

영화 〈트루먼 쇼〉는 어떤가?

작은 섬에서 평범하고 행복하게 사는 트루먼은 이 섬을 떠나면 절대 안 된다는 무언의 압력을 끊임없이 받는다. 그 압력은 물리적일 수도, 심리적인 것일 수도 있다. 홀어머니를 모셔야 해서 떠날 수 없었고, 바다에 폭풍우가 쳐서 떠날 수 없었다. 그러던 어느 날 하늘에서 조명이 떨어지고 길을 걷다 죽은 아버지를 만난다. 30년간 자신의 일상이라고 믿었던 모든 게 '쇼'였던 것이다.

이 영화가 개봉되었을 때 '어쩌면 나도 지구라는 공간에 갇혀 일종의 쇼를 하고 있는 연기자는 아닐까?' 의심한 적이 있다. 그만 큰 영화가 준 충격은 상당했다. 트루먼은 진짜라고 믿었던 친구와 부모, 연인에게 끊임없이 이 섬을 떠나면 안 된다고 세뇌당한다. 언제든지 떠날 수 있었지만 그러려고 하지 않았다.

트루먼은 두려워서 떠나지 못했던 걸까? 아니다. 트루먼은 사랑하는 이들 때문에 떠나지 못했다. 그도 가족과 사랑하는 이들에게 가스라이팅을 당한 것이다.

라푼젤의 새엄마는 라푼젤의 머리카락을 탐내는 의도를 가지고 가스라이팅을 했고, 가스등의 남편은 아내의 재산을 뺏기 위해, 트루먼쇼의 배우들은 생방송으로 진행되는 '쇼'의 성공을 위해 가스라이팅을 했다.

그럼 가만히 생각해 보자.
'네가 잘 되라고 그러는 거야.'
'엄마, 아빠가 다 알아.'
'엄마, 아빠가 다 해 줄게.'
'우리 애는 어려서 아무것도 몰라요.'
'친구들도 다 가졌으니 너도 가져야지.'
'저까짓 장난감 하나 사 준다고 달라지는 건 없어.'
'돈 잃어버리니까 엄마 줘.'
우리가 무심히 뱉은 이런 말들이 불행히도 아이를 사랑한다는 명목으로 가스라이팅 하는 것이라고 생각해 본 적이 있는가? 부모가 나서 적극적으로 아이들의 경제 활동을 방해하고 합리적 선택을 훼방 놓지는 않았는가 말이다. 너무 극단적이라고 생각할지도 모르겠다. 그러나 곱씹어 생각해 보면 마트에서 떼를 쓰는 아이에게 사랑이라는 이름으로 장난감을 사 주고, '네가 어떤 일을 잘하면 선물을 사 줄 거야.', '네가 엄마 말을 듣지 않아서 어떤 것도 사 주지 않을 거야.'라는 말들이 얼마나 무서운 협박인가를 생각해 보면 답이 나온다.

명절에 용돈을 받으면 보통 아이들은 엄마에게 돈을 가져다준다. 보통의 엄마는 '엄마가 통장에 넣어 줄게.'라고 말한다. 그러면 다음 날 금액이 찍힌 통장을 아이에게 보여 줘야 한다. 돈의 주인은 아이이다. 물론 부모는 '아이의 돈은 내 돈'이라고 무심히 생각할지도 모른다. 하지만 보여 주지 않고 기대감만 심어 주는 것, '너는 아직 어리니 돈을 모을 수 없어'라며 암묵적으로 낙인하는 것, 그것은 아이의 돈 공부를 절대적으로 방해하는 가스라이팅이다.

세계의 경제를 움직이는 유대인. 그들의 아이들은 생후 6개월부터 저금통에 저금을 하기 시작한다. 그리고 "Buy low, Sell high(싸게 사서 비싸게 팔아)"를 "잘 자라 우리 아가, 앞뜰과 뒷동산에 새들도 아가 양도 모두 자는데"처럼 자장가로 불러 준다. 그리고 저금통에 모인 돈은 나와 남을 위한 돈이라고 가르친다. 한마디로 '돈'의 의미를 나와 남을 위한 '선한 쓰임'이라고 가르친다.

그런데 우리는 돈은 좋아하면서 아이와 돈에 대해 공부하지 않는다. '돈, 돈' 거리는 건 저급하다고 생각한다. 또 돈은 교육의 대상이 아니라고 생각한다. 그저 '엄마, 아빠가 다 해 줄게'로 모든 경제 공부의 싹을 처음부터 잘라 버린다.

애니메이션 〈모아나〉의 대사처럼 "Go save the world(가서 세상을 구해)"라고는 못할지언정 "부모는 전지전능한 신이고, 너에게는 모든 걸 다 퍼 줄 수 있는 호구야"라며 가스라이팅과 무한 퍼주기로 내 아이를 '경제 바보'로 만들고 있지는 않은지 깊게 생각해 봐야 할 시점이다.

계획은 적는 것을 넘어
선포하고 알리기
: 율리시스 계약Ulysses pacts

현재의 현명한 내가 미래의 나를 통제하는 법

율리시스 계약은 호메로스의 서사시 '오디세이아'에서 기원한 용어이다. 트로이 전쟁이 끝나고 고향으로 돌아가던 율리시스는 영롱하고 아름다운 노랫소리로 섬을 지나가는 사람들을 홀려 죽음으로 이끈다는 세이렌 요정들의 섬을 지나게 된다. 세이렌 요정들의 노래는 얼마나 아름다울까! 율리시스는 죽음과 맞바꿀 만큼 아름다운 노랫소리를 듣고 싶었지만 부하와 자신의 목숨을 잃고 싶지는 않았다. 율리시스는 섬을 지나가기 전에 자신을 돛대에 단단히 결박하도록 하고 무슨 일이 있어도 자신을 풀어 주지 말라고 부하들에게 명령했다. 또한 부하들은 촛농으로 귀를 단단히 막아

세이렌의 노랫소리를 듣지 못하도록 했다. 그러나 환각 상태에 빠진 율리시스는 의지가 꺾였다. 자신을 풀어 달라고 부하들에게 애원하기 시작했다. 하지만 부하들은 그의 명령을 충실히 따라 그를 절대 풀어 주지 않았다. 미래의 나를 현재의 내 통제 범위에 넣을 수 있었던 것이다. 그리하여 율리시스는 그 아름다운 세이렌의 노래를 듣고도 죽음을 피할 수 있었다. 이렇게 스스로의 의지로 미래의 자기 자신을 통제하는 결정을 '율리시스 계약'이라고 부른다.

우리는 살아가면서 미래의 나를 장담할 수 없을 때가 있다. 다이어트를 결심하고는 낮 동안 쫄쫄 굶다가 저녁에 치킨의 유혹을 뿌리치지 못한다든지 하는 것 말이다. 인간은 합리적으로 행동하고 선택하려 노력하지만 어쩔 수 없이 감정의 영향을 받는다. 멋진 운동복을 차려 입고 운동화 끈을 바짝 당겨 묶고는 열심히 뛰겠다고 다짐한다. 어느 정도 달리다 보면 다리가 아파 오고 숨이 가빠 온다. 목도 마르고 '내가 왜 뛰어야 하는가?' 하는 근원적인 질문도 던져 본다. 그러다 보면 '오늘은 여기까지만 뛰자', '내일 다시 뛰면 된다' 하며 스스로와 타협하고, '이 정도면 됐어'라며 합리화시키기까지 한다.

그렇다. 인간에게는 자유의지가 있다. 판도라가 호기심으로 열지 말았어야 할 판도라의 상자를 열었고, 이브는 에덴동산에서 선악과를 따 먹고야 말았다. 이렇게 글을 쓰고 있는 필자도 글이 안

풀리면 '아 못하겠다' 하며 글쓰기를 포기할 수도 있고, 오늘 저녁에 예약해 둔 필라테스 수업에 가는 대신 친구를 만나 맥주 한 잔을 기울일 수도 있다.

'화장실 갈 때 마음과 올 때 마음이 다르다.'

우리 조상들은 속담도 찰떡처럼 지었다. 현재 배가 아픈 나는 화장실에만 다녀오면 세상이 천국으로 보일 것 같다. 밀린 숙제도, 쌓아 놓은 일도 신속하고 정확하게 처리할 수 있을 것만 같다. 하지만 화장실에 다녀와도 나라는 나약한 인간은 별반 달라진 게 없다. 율리시스처럼 미래의 나를 통제하지 않는 한 말이다.

우리는 연초에 한 해의 계획을 세운다. 올해 저축을 얼마만큼 하고, 대출은 얼마만큼 상환하고, 나의 발전을 위해 어떤 것을 배울 것이며 건강을 위해 어떤 운동을 할 것인지 등의 계획 말이다.

그러나 연초의 나와 연말의 나 중 승리자는 누가 될 것인가?

연초의 의지 불끈인 내가 연말의 의지 박약인 나를 결박할 수단은 무엇인가?

일단 율리시스 계약처럼 자신의 연약함을 인정하자.

'난 할 수 있어'라는 강한 의지도 좋지만 '난 할 수 없을지도 몰라'라는 만약의 경우를 대비해야 한다. 내 의지는 언제든 흔들릴 수 있다. 돛대에 스스로를 묶은 율리시스처럼 우리를 묶을 수단이 필요하다.

내 아이를 세상을 움직이는 슈퍼리치로 만들기 위해 지금 이 책을 손에 들고 있는 것 아닌가? 일단 당신에게는 현재 의지가 있다. 계획했다면 미래의 나를 온전히 믿어서는 안 된다.

나는 가끔 비싼 옷을 6개월 할부로 사면서 '걱정하지 마! 미래의 내가 갚아 줄 거야'라고 이야기한다. 다음 달의 나는 할부의 6분의 1을 담당하고, 그 다음 달의 나도 6분의 1만큼을 담당한다. 결국 미래의 내가 현재의 내 소비를 책임져 줄 거라는 이야기이다.

그러나 이 말은 우스갯소리일 뿐. 이 말 속에는 미래의 내 소득은 보장되어 있고 소득의 규모는 지금과 같거나 더 많을 것이며 그 사이에 돈이 더 들어갈 이벤트는 결코 일어나지 않을 거라는 전제가 깔려 있다. 이 얼마나 무책임한 책임 전가인가! 미래의 나에게 너무 미안한 결정을 현재의 내가 하는 것이다.

일단 적어라! 이후 선포하고 알려라!

계획했다면 나를 결박할 수단을 적극적으로 찾아야 한다. 어떤 흔들림으로부터 현재의 의지를 미래까지 옭아맬 수단을 찾아야 한다. 현재의 합리적인 내가 미래의 나에게 승리의 월계관을 씌워 주고 싶다면 적어라! 아니 그것을 넘어 선포하고 알려라!

드라마 〈천일의 약속〉에서 알츠하이머에 걸린 여주인공은 자신의 병을 인식하고 제일 먼저 집 주변 사진을 찍었다. 미래의 자신이 집으로 오는 길을 잃을까 봐 사진으로 남겨 둔 것이다. 또 자신이 살면서 필요한 것들을 적은 후 집 안 곳곳 손이 닿는 곳에 놓아두었다. 우리도 그녀와 같이 행동해야 한다.

미래의 내가 잊지 않도록 중간에 내가 어떤 환각 때문에 의식을 잃더라도 지금의 내 의지를 잊지 않도록 일단 적어야 한다. 그러나 잘 잊는 사람은 내가 그런 의지나 계획을 쓴 것조차 잊고, 굳이 그걸 찾으려 하지 않을 수도 있다.

나 혼자만의 계획이 되어서는 안 된다. 그럼 미래의 무책임한 내가 스스로 합리화해 지금의 계획을 없던 일처럼 만들 수 있다. 그래서 선포하고 알려야 한다.

나는 이제부터 돈 공부를 하겠다.

나는 충동구매나 과시 소비를 하지 않겠다.

나는 월급의 30%를 저축하겠다.

나는 올해 연말까지 1,000만 원을 모으겠다.

나는 올해 옷을 사지 않겠다.

나는 올해 매일 운동을 하겠다.

나는 올해 내 아이에게 돈 공부를 시키겠다.

그러기 위해서 나는 올해 돈에 대해 공부하겠다.

나는 매주 경제 강의를 한 편씩 듣겠다.

나는 올해 기업 3곳을 골라 가치투자를 하겠다.

마치 '나는 올해 담배를 끊겠다. 내가 담배를 핀다면 그것을 알아챈 너에게 점심을 일주일간 사겠다'처럼 구체적인 선포이면 더욱 좋다.

오늘은 내 아이와 어떻게 돈 공부를 할 것이며 돈 공부의 최종 목표가 무엇인지, 가족에게 알리고 선포하자. 만약 그동안의 습성처럼 '아빠, 엄마가 다 알아서 할게'의 행동이 나온다면 어떤 벌칙을 받을지 가족과 규칙을 정해도 좋겠다.

연약하지만 현명했던 율리시스처럼 의지 불끈인 현재의 내 의지를 결박해라! 꽁꽁!

슈퍼리치 만들기 프로젝트 01

아이와 함께 적고 선포하기

1. 어떻게 돈 공부를 할 것인가?

_____

_____

_____

_____

_____

_____

2. 돈 공부의 최종 목표는?

_____

_____

_____

_____

_____

_____

_____

행운은 또 다른 행운을 부른다
: 뜨거운 손 효과 The hot hand phenomenon

'뜨거운 손 효과'는 심리학자인 아모스 트버스키(Amos Tversky)
와 토머스 길로비치(Thomas Gilovich)가 기고한 〈농구 경기에서
뜨거운 손 The Hot Hand in Basketball〉이라는 논문에서 처음
소개한 현상이다. 농구 경기에서 관중들은 이전에 몇 개의 슛을
성공한 선수라면 다음 슛도 성공할 것이고 믿는다. 슛을 던지는
동작은 이전이나 다음번이나 각각 단독 행동이지만 앞에서의 성
공은 다음에도 성공할 것이라는 믿음을 갖게 된다는 점이다. 그래
서 관중들은 슛을 몇 차례 성공한 선수에게 더 많은 패스가 연결
되길 바란다. 그런 기대로 실제로 더 많은 패스가 이어지고 확률
적으로 더 많은 슛을 성공하기도 한다.

온 우주가 내 성공을 기원해 주는 날이 있다. 알람이 울리지 않았는데 상쾌하게 눈이 떠지고, 샤워를 하기 위해 틀어 놓은 물은 예전에 비해 빨리 데워져 찬 기운 없이 따뜻하게 샤워를 했다. 주방에서는 내가 좋아하는 찌개가 보글보글 끓고 있고, 아침 일찍 일어난 탓에 여유 있게 아침 식사를 했다. 상쾌한 바람이 불고 청명한 공기가 얼굴에 와 닿는다. 회사까지 가는 동안 신호에 거의 걸리지 않았고, 엘리베이터 문도 버튼을 누르자마자 열렸다.

어떤 이는 과도한 행운을 경계하며 불길하다 생각하고, 어떤 이는 로또를 한번 사 봐야 하나 고민할지도 모른다. 하루 동안 가져야 하는 행운의 총량이 있다면 오전에 다 써 버린 것 같아 오후 내내 경계하다가 예상치 못할 불상사를 맞으면 '내가 그럴 줄 알았지'라며 혼잣말을 할 수도 있다. 그러나 어떤 이에게는 신이 나에게 준 가장 행복한 날로 하루를 마무리할 수도 있다.

뜨거운 손 효과의 반대 개념으로 알려진 '도박사의 오류(Gambler's fallacy)'를 살펴보자. 도박사의 오류는 도박에서 연속으로 져서 돈을 잃은 사람이 다음 판에는 반드시 이길 거라고 믿으며 점점 중독의 길로 빠져드는 현상을 말한다. 실패했던 결과와는 반대되는 결과가 반드시 올 거라는 믿음이다.

우리 삶이 유기적으로 연결되어 있다고 하더라도 모든 순간은 독립 현상이다. 주사위를 던져 숫자 6이 나올 확률은 6분의 1이다. 처음 던진 주사위가 6이 나왔다고 다음 주사위가 6이 나올 확률은 몇 일까? 그것도 6분의 1이다. 모든 독립 사건을 '뜨거운 손' 효과나 '도박사의 오류'처럼 유기적으로 연결지어 '그럴 것이다'라고 예상하면 안 된다.

서점에서 한가로이 책을 펴든 당신, 응접실이나 사무실에서 책을 펴든 당신은 '뜨거운 손'을 가진 사람이다. 쉴 틈 없이 컨베이어 벨트가 돌아가고 물류가 쏟아져 나오는 곳이나 초치기를 할 정도로 바쁜 작업 환경에서 일하는 사람이 가질 수 없는 여유를 갖고 있다. 그러나 우리에게 이런 시간은 오래 지속되지 않을 것이다. 짧은 시간이지만 당신은 '뜨거운 손'의 행운을 누리고 있다.

우리가 앞으로 이야기할 소득과 소비, 저축과 투자, 기부 등의 이야기도 '뜨거운 손'이나 '도박사의 손'을 가졌기에 가능하다. 지금까지 슛을 성공한 사람에 대한 믿음 혹은 지금까지는 슛을 성공하지 못했지만 다음번에는 슛을 성공할 것이라는 믿음.

한 번의 우연한 행운은 또 다른 행운을 부른다. 왜냐하면 한 번의 성공으로 사람들은 다음의 성공을 믿고 지지해 주기 때문이다. 한두 번 슛에 성공한 선수에게 또 공을 주면 실패하거나 성공할 확률이 50%지만, 한 번도 공을 패스 받지 못한 선수는 성공 확률이 0%이다. 나는 오늘도 실패했으니 내일도 실패할 것이라 믿으면 성공 확률 또한 0%이다. '도박사의 오류'가 헛된 기대일지라도 오늘은 실패했지만 다음에는 성공할 것이라 믿으면 성공 확률은 50%가 된다.

우리가 돈 공부를 시작하기에 앞서 '뜨거운 손 효과'와 '도박사의 오류' 같은 인지적 편향을 주의할 필요는 있다. 성공하는 사람의 투자를 따라 하거나 현재 가장 잘 나가는 기업에 맹목적으로 투자하면 이익을 얻을 것이라고 생각하는 인지적 편향에 대한 경고이다. 하지만 해 보지 않고 포기하면 우리에게 주어지는 이익은 0%라는 걸 잊어서는 안 된다. 한 번의 성공이 다음번 성공을 보장하지도 않고, 한 번 실패했으니 다음번에는 성공할 거라는 믿음도 옳지 않다.

우리는 어떤 인지적 편향에도 빠지지 않고 스스로 판단할 수 있는 힘을 길러야 한다. 왜냐하면 우리는 내 아이의 경제 선생님이기 때문이다. 내 아이에게 올바른 경제 공부를 시킬 수 있는 힘을 부모인 우리가 길러야 할 시점이다.

경제 개념 깨우는 실전 대화

부자의 기준은 뭘까?

딸 :   엄마! 우리 집은 부자야?

엄마 : 왜 그런 걸 물어봐? 무슨 일 있었어?

딸 :   아니. 친구들 집은 넓고 좋은데 우리 집은 좁고 오래 됐잖아.

엄마 : 왜? 누가 뭐라고 했어?

딸 :   오늘 수정이 생일 파티에 다녀와 보니… 그 집은 이층 침대도 있고, 거실도 넓고, 식탁 조명도 예쁘고, 공주님 집 같더라고.

엄마 : 응, 그랬구나! 그래서 속상했어?

딸 :   아니. 우리 집은 부자인지 가난한지 궁금했어. 수정이 아빠 차는 엄청 크고 멋지더라고. 우리는 차도 오래 되고 작잖아.

엄마 : 그래도 우리 딸! 우리 집이 가난한 건 아니야. 엄마가 다음 달 네 생일에 집도 예쁘게 꾸며 놓고 친구들 초대해서 멋지게 파티해 줄게.

딸 :   아니야. 친구들이 우리 집에 오면 실망할 것 같아. 엄마 우리 이사 가면 안 돼?

엄마 : 우리 딸! 네가 생각하는 부자의 기준은 넓은 집과 좋은 차니?

딸 : 꼭 그런 건 아닌데… 그런 사람들은 부자처럼 보이잖아. 그런 사람이 부자 아니야?

엄마 : 사람마다 '가치관'이라는 게 달라. 어떤 주식 부자 아저씨도 자동차 없이 자전거를 타고 다니는 걸? 자동차 살 돈으로 주식 투자를 해서 미래의 더 큰 부자를 꿈꾸는 거지.

딸 : 그래도 난 좀 창피한데. 엄마 그럼 어떤 사람이 진짜 부자야?

엄마 : 부자의 기준은 삶을 바라보는 가치관에 따라 달라지는 거야. 엄마는 가족이 행복하고 건강하게 함께 있고, 가끔은 다른 사람을 돕는 일에 선뜻 기부도 할 수 있는 지금 우리 가족이 부자라고 생각하는데?

딸 : 그래? 부자를 나누는 기준이 그렇게 다른 거야?

엄마 : 사람마다 '부자'에 대한 생각이 다른 거지. 엄마, 아빠는 아직 젊으니까 지금은 조금 불편해도 열심히 일하면서 살고 할아버지, 할머니가 되었을 때 '경제적으로나 시간적으로 자유로운 삶'을 살고 싶어. 물론 그래야 너희들도 편할 거고. 그리고 남들과 계속 비교하면 우울할 수도 있어. 사람의 욕심은 끝이 없거든.

엄마는 네가 건강한 마음을 가진 부자가 되었으면 좋겠어.

딸 : 건강한 부자?

엄마 : 응! 건강한 마인드를 가진 부자. 오늘 그동안 우리가 모은 저축이랑, 앞으로 어떻게 부자가 될지 '돈 공부' 하지 않을래?

딸 : 돈 공부?

엄마 : 그럼. 건강한 부자가 되려면 '돈'을 잘 알아야 해. 진짜 부자는 어떤 사람들인지, 우리가 진짜 부자가 되는 방법은 어떤 것이 있는지 공부해 보자.

딸 : 네, 좋아요.

엄마 : 엄마는 네가 돈을 쫓아다니는 사람이 아니라 돈을 리드하는 사람이 되었으면 좋겠어. 그리고 그 돈으로 선한 영향력을 끼치는 착한 부자가 되었으면 좋겠단다.

KB금융에서 발표하는 〈2021년 한국 부자 보고서〉에서는 부자를 금융 자산(현금, 보험, 주식, 채권 등)이 10억 원 이상인 개인으로 정의했다. 부자 수는 일 년간 10% 넘게 늘었으며 강남 3구의 부자 비중이 다른 지역에 비해 압도적이었다. 부자의 절반(45.5%)은 서울에 살며, 서울에서

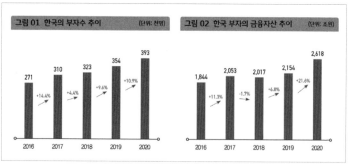

(출처 : KB금융그룹)

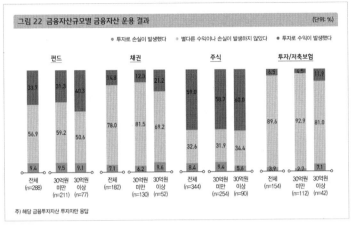

그림 22 금융자산규모별 금융자산 운용 결과 　(단위: %)

● 투자로 손실이 발생했다　　● 별다른 수익이나 손실이 발생하지 않았다　　● 투자로 수익이 발생했다

펀드

	투자로 손실	별다른 수익/손실 없음	투자로 수익
전체 (n=288)	33.7	56.9	9.4
30억원 미만 (n=211)	31.3	59.2	9.5
30억원 이상 (n=77)	40.3	50.6	9.1

채권

전체 (n=182)	14.8	78.0	7.1
30억원 미만 (n=130)	12.5	81.5	6.2
30억원 이상 (n=52)	21.2	69.2	9.6

주식

전체 (n=344)	59.0	32.6	8.4
30억원 미만 (n=254)	58.7	31.9	9.4
30억원 이상 (n=90)	60.0	34.4	5.6

투자/저축보험

전체 (n=154)	6.5	89.6	3.9
30억원 미만 (n=112)	4.5	92.9	2.9
30억원 이상 (n=42)	11.9	81.0	7.1

주) 해당 금융투자자산 투자자만 응답

(출처: KB금융경영연구소)

도 절반(45.7%)은 서초, 강남, 송파구 등 강남 3구에 산다.

또한 부자 10명 중 6명은 주식으로 수익을 냈다.

실제 부자들은 금융, 부동산 등 총자산이 100억 원 이상이어야 '부자'라고 생각하는 사람(28.5%)이 가장 많았고, 23.3%는 50억 원 이상을 '부자'라고 생각하는 것으로 조사됐다.

부자들은 평균 7억 7,000만 원의 부채(빚)를 갖고 있으며 연간 저축금액은 평균 연소득의 4분의 1인 6,250만 원이었다.

현재(2021년 기준) 대한민국에서 부자는 금융 자산 10억 이상을 가진 사람이다. 부자의 기준은 해마다 달라지겠지만 현재까지는 그렇다. 대신 부자들은 자신을 부자라고 생각하지 않는다. 그들은 자신이 가진 재산의 10배인 100억 이상을 가진 사람을 부자라고 생각하기 때문이다.

부자들도 빚이 있다. 평균 빚이 부자의 기준인 금융 자산 10억과 3억 정도 밖에 차이 나지 않는 7억 7천이다. 부자는 부채와 별개로 연 6,000만 원 이상의 저축을 한다.

과거에 '빚'은 '가난'과 동일한 의미로 쓰였지만 현재는 다르다. 안정 자산인 저축은 그대로 하고, 집 매매나 투자를 위해 빚을 진다. '빚도 능력이다'라는 말이 과언은 아닌 것 같다.

현재의 부자는 과거의 부자와 조금 다른 의미인 건 분명하다. 과거의 부자가 열심히 모으는 일개미형이었다면 지금의 부자는 모으고 적극적으로 투자하는 전투 개미에 비유할 수 있겠다.

Part2

돈 잘 버는
아이로 키우기, 소득

경제 패러다임이 바뀐다
: 4차 산업혁명

공유 경제(Sharing Economy) 시대

공유 경제란? 물품을 소유하지 않고 서로 대여해 주고 차용해 쓰는 개념으로 인식하여 경제 활동을 하는 것을 말한다. 협력 소비라고 하면 이해하기 쉽다.

(출처: 코트라)

우리가 알고 있는 전통 경제와 비교하면 공유 경제가 신뢰를 기반으로 자원 절약이나 가치 창출에 의미를 두고 있음을 알 수 있다. 2011년 타임지에서는 공유 경제를 '세상을 변화시키는 10대 아이디어(10 Idea That Will Change the World)' 중 하나로 선정했다.

샌프란시스코에서 국제 컨퍼런스가 열린 해에 브라이언 체스키는 숙소가 부족한 상황을 보고 본인의 방을 대여해 주는 것을 시작으로 에어비앤비(Airbnb)를 창업했다. 에어비앤비는 세계 최대의 숙박 공유 서비스가 되었고, 집 소유주뿐 아니라 작은 방, 별장, 창고 등 사람이 지낼 수 있는 모든 공간의 임대를 가능하게 했다. 2013년 기준 2초당 한 건의 예약이 이뤄지고 있으며, 2020년 에어비앤비의 기업가치는 1,000억 달러에 육박한다.

2012년 우리나라에서 열렸던 여수박람회 당시 숙박 시설이 부족하자 150개의 남는 방을 구해 웹사이트를 통해 숙박 서비스를 제공한 한국의 'BNB HERO'라는 회사도 있다. 남는 방을 가진 호스트에게는 수익을 제공하고, 방이 필요한 사람에게는 저렴한 비용으로 안전한 방을 제공했다.

세계에서 가장 논란이 많은 스타트업 회사이면서 기업가치 910억 달러(2021년 기준)를 자랑하는 우버(UBER)도 공유 경제 회사이다. 우버는 승차 공유 서비스로 자신의 차량을 다른 사람과 공유하면서 수익을 창출하는 회사이다.

아이들이 어릴 때 장난감을 몇 번 가지고 놀다 시들해지는 모습을 보고 한숨을 쉰 적이 있다면 '장난감 대여'에 관심을 가졌을 것이다. 국가에서 운영하는 육아종합지원센터뿐만 아니라 장난감을 대여해 주는 점포도 많이 생겼다. 이것도 공유 경제이다.

소카(SOCAR) 서비스나 국민도서관, 도서대여점도 제품을 서비스 해 주는 공유 경제라고 볼 수 있다. 아르바이트를 구하는 사장이나 직원이 알바몬이라는 회사에 접속해서 구인, 구직을 하는 일, 여행지의 저렴한 숙소를 예약하기 위해 '트리바고' 같은 웹사이트에 접속하는 일도 공유 경제이다.

2025년 공유 경제의 산업 규모를 370조원(3,350억 달러)으로 예상한다고 한다. 심지어 미국의 차량 공유 업체 '리프트'의 설립자 존 지머는 '개인이 자동차를 소유하는 시대는 곧 끝날 것이다'라고 했다. 공유 경제가 우리 생활의 지각 변동을 일으킬 것이라는 신념에 찬 말이다.

요즘 거리를 걷다 보면 전동 킥보드가 곳곳에 세워져 있는 걸 볼 수 있다. 필자는 처음에는 단순한 호기심으로 봤다면 이후 무릎을 치며 공감했다.

'젊은이의 취향에 딱 맞는 공유 경제구나!'

자전거를 공유하고, 킥보드를 공유한다. 물론 안전성과 시민의
식이 밑바탕 되어야겠지만 일상생활에 공유 경제가 파고들어 왔
음을 온몸으로 느낀다.

조카의 돌잔치를 공유 주택에서 했다. 그곳엔 공유 주방이 있
고, 각종 행사에 어울리는 포토존이 마련되어 있었다. 우리는 자
유롭게 공유 주방에서 음식을 만들었고, 대여한 시간 동안 그 집
의 주인이 되어 편한 자세로 앉아 즐겁게 이야기를 나누었다.

그렇다면 이렇게나 좋은 공유 경제는 왜 이제야 우리 눈에 띄게
된 걸까?

내가 일면식도 없는 남의 집을 빌려 잠을 자고, 일면식도 없는
남의 차를 타거나 누가 사용했는지 모를 장난감을 빌리는 건 사실
'신뢰'가 없다면 불가능한 일이다. 그럼 이 '신뢰'를 누군가가 보증
해 줘야 한다. 그것이 바로 '스마트폰'이고 'IT 기술'이다. 내가 어
디를 누구에게 얼마에 빌렸는지, 그곳이나 그 물건에 대한 평가는
현란한 광고가 아닌 사실에 기반했는지, 그곳이 안전한 곳인지에
대한 평가와 과정이 스마트폰과 컴퓨터에 실시간으로 기록된다.
이것이 우리에게 '신뢰'를 만들어 준다. 이러한 '신뢰'를 중계해 주

는 회사는 공유 경제 기업으로 수익을 창출한다.

물론 공유 경제에도 그늘이 있다. 가령 관광지에 사는 사람들은 지역 주민에게 집을 빌려주는 것보다 관광객에게 집을 대여하는 편이 훨씬 이익이라 판단할 수 있다. 그래서 관광객 때문에 입주민이 밀려나는 '둥지 내몰림 현상'이 생길 수도 있고, 우버 택시처럼 무면허 택시 영업이나, 비대면 서비스에서 발생하는 거래상 위험 등의 문제가 생길 수 있다.

그러나 공유 경제가 새로운 경제 패러다임이라는 건 누구도 반박할 수 없다. 현재 내가 가지고 있는 것으로 수익을 창출할 수 있다는 사실이 너무 매력적이지 않은가? 사용하지 않는 물건이나 서비스를 타인과 공유함으로써 수익을 얻고, 나 또한 필요한 물건이나 서비스를 원하는 기간 동안 저렴하게 사용할 수 있다.

에너지는 유한한데 한 번 생산된 물건을 버리지 않고 잘 활용한다면 환경 문제에도 기여할 수 있다. 자원 활용을 극대화할 수 있다는 이야기다. 전통 경제가 가진 소유, 자원 고갈, 이윤 창출, 경쟁, 과잉 소비에서 오는 많은 문제를 해결할 수 있다.

그렇다면 우리는 공유 경제 시스템을 내 아이에게 가르쳐야 한다. 장난감을 사 주는 대신 대여하고, 불필요한 장난감을 중고 거래 플랫폼에서 팔 수도 있다. 만약 우리가 자녀를 키우면서 '~했으면 좋겠다'라고 한 번쯤 생각했던 것을 사업 아이디어로 연결했다면 우리는 제2의 에어비앤비 창업주인 브라이언 체스키가 될 수도 있다.

우리는 새로운 판을 짜야 한다.

로버트 기요사키가 쓴 《부자 아빠 가난한 아빠》에서는 부자가 되는 3가지 방법을 말한다.

1) 시스템을 만들어라(회사를 만들어라).

2) 시스템을 사라(프랜차이즈 회사 운영).

3) 시스템을 활용하라(타인이 만든 시스템으로 들어가라. 인터넷 등).

위에서 언급한 3가지 방법 중 우리는 뭘 할 수 있을까?

만약 내가 '장난감 가격도 비싸고 보관도 힘든데 우리 아이는 금방 싫증을 느껴서 고민이에요.'라고 누군가에게 하소연했다고 생각해 보자. 누군가는 '아하! 그럼 장난감을 서로 빌려주는 사업을 해 볼까?'라며 시스템을 만들 수 있다. 아니면 기존 장난감 대여 업체의 분점을 하나 운영해 볼까? 생각할 수도 있다. 그럼 고민만 하느라 1번과 2번 두 번의 기회를 놓친 우리는 뭘 해야 할까? 바로 3번이다. 타인이 만든 시스템으로 들어간다. 인터넷을 이용해 필요 없는 장난감을 팔거나 내가 필요한 장난감을 사면 된다.

공유 경제는 누구에게나 열려 있는 시스템이고 진입 장벽이 낮은 사업 아이템이다. 건물을 짓거나 세를 얻는 데 필요한 창업 비용을 반짝이는 아이디어와 바꿀 수 있다. 그렇다면 공유 경제 시대에서 우리는 무엇을 할 수 있을까?

'최초의 영감이 좋지 않으면 아무리 노력해도 신통한 결과를 얻지 못한다. 무조건 노력만 하는 사람은 쓸데없이 에너지만 낭비하는 꼴인데도 이 사실을 아는 사람이 그다지 많지 않다.'
— 에디슨 —

지금 당장 펜과 수첩을 들고 아이를 불러라! 우리 가족이 가지고 있는 재화 목록을 써 보고 필요 없는 것과 필요한 것을 나눠 보자. 그 후 어떤 플랫폼으로 어떻게 공유할 수 있는지 계획을 세워 보자. 비록 계획에 그칠지라도 시도해 보자. 이것이 나와 우리 가족이 공유 경제라는 시스템에 첫발을 내딛는 위대한 시작이 될 수 있으니까 말이다.

4차 산업혁명에서 살아남기!

인류 문명 시대의 마중물 역할을 했던 신석기 혁명!

농사를 처음 지었던 신석기인은 '문명'을 탄생시켰다. 이후 증기기관의 발명으로 시작된 1차 산업혁명, 전기 에너지를 기반으로 한 2차 산업혁명, 컴퓨터나 인터넷 등 지식 정보 혁명이라 불리는 3차 산업혁명기를 거쳐 이제 사물인터넷(IoT), 인공지능(AI), 블록체인 기술 등을 기반으로 하는 초 지능 혁명인 4차 산업혁명 시대가 도래했다. 4차 산업혁명 시대는 사람과 사물, 공간이 연결되는 보다 지능적인 사회라 할 수 있겠다.

알파고 쇼크를 기억하는가? 천재 바둑기사 이세돌(9단)은 알파고와의 바둑 대결에서 4판을 지고, 인간의 자존심을 지키며 한 판을 승리했다. 사람이라면 1,000년에 걸쳐 배워야 하는 바둑 학습을 알파고는 단 4주 만에 끝냈다.

• 제4차 산업혁명의 개념 : 인터넷 및 정보 처리와 관련된 새로운 과학기술의 혁명을 의미함.

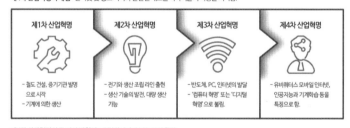

제1차 산업혁명	제2차 산업혁명	제3차 산업혁명	제4차 산업혁명
- 철도 건설, 증기기관 발명으로 시작 - 기계에 의한 생산	- 전기와 생산 조립 라인 출현 - 생산 기술의 발전, 대량 생산 가능	- 반도체, PC, 인터넷의 발달 - '컴퓨터 혁명' 또는 '디지털 혁명'으로 불림.	- 유비쿼터스 모바일 인터넷, 인공지능과 기계학습 등을 특징으로 함.

• 제4차 산업혁명의 두 가지 방향성 : 초연결성과 초지능성의 확장

초연결성(Hyper connectivity)	초지능성(Hyper intelligence)
컴퓨팅과 통신의 대상이 사람과 사람을 넘어 사람·사물·공간으로 퍼져가는 네트워킹의 수평적 관계에 주목하는 개념	초연결성을 지닌 인터넷과 모바일 플랫폼을 기반으로 CPS(Cyber Physical System : 사이버물리복합시스템)와 인공지능을 기축으로 하는 사회 시스템 간의 상호작용이 한층 심화되는 네트워킹의 수직적 확장에 비중을 두는 개념

(출처 : KICE, 2016)

다보스 세계경제포럼의 〈일자리 미래 보고서(2016년 기준)〉에서는 초등학교에 입학하는 학생의 65%는 지금은 존재하지 않는 직업을 갖게 될 것이라고 전망했다.

우리 아이들은 이러한 시대에 서 있다. 그러나 우리가 잊지 말아야 할 점은 이세돌이 알파고의 허점을 공략해서 이긴 한 판이다. 알파고는 이세돌의 수에 한마디로 말려들었다. 프로그래밍에 혼란이 왔고 결국 대처하지 못해 지고 말았다.

필자는 4차 산업혁명 시대에 부모가 겁먹지 말고 아이들을 교육하길 바란다. 미리 알고 대비한다면 분명 우리는 승리를 거둘 수 있다.

금융 산업은 4차 산업혁명에 발 빠르게 대응하고 있다. 빅데이터라 불리는 D&A(Data and Analytics)는 4차 산업혁명을 주도하고 있다. 은행은 고객 결제 정보를 모아 선호하는 상품에 할인 쿠폰을 발행하는 등 타깃 마케팅을 시작했고, 보험회사에서는 청구 과정을 단순화했다. 또한 인공지능 시스템을 이용하여 주식, 채권, 외환에 대한 투자 결정, 대출 승인, 금융 컨설팅이 이루어지고 있다. 뒤에서 자세히 다루겠지만 모든 구성원이 네트워크를 통해 서로 데이터를 검증하고 저장함으로써 특정인이 임의로 조작하는 게 어렵도록 설계된 플랫폼인 블록체인 기술도 시도되고 있다.

생체 인증 기술은 어떠한가?

필자는 마트에서 결제 직전 단계에서 셀카를 찍는다는 오해를 받은 적이 있다. 홍채를 인식해 결제하려는 상황에서 그것을 이해하지 못한 계산원이 오해했던 것이다. 지문을 사용하고 홍채를 사용하여 신분을 증명하는 일은 비대면 금융 거래에서 중요한 기술이다.

이탈리아의 제네랄리세구로(Generali Seguros)라는 보험회사는 IoT 기술을 활용해 운전자의 운전 습관을 측정, 분석해 보험료를 차등화하는 자동차 보험 상품을 개발하기도 했다.

아이들이 열광했던 포켓몬 GO를 기억하는가? 증강현실 기반 게임인 포켓몬 GO는 출시 이후 일일 평균 이용 시간이 페이스북을 앞지를 정도였다. 여기에서 우리는 사업 아이템을 구상해 볼 수 있다. 신사업이라 불리는 증강현실이 기존의 포켓몬이라는 게임과 만났다는 사실이다. 기술을 위한 개발보다는 개발된 기술을 증강현실과 결합하여 사업화해 대박이 난 경우이다. 그러나 포켓몬 GO의 인기로 더 대박 난 기업이 있다. 바로 구글과 애플이다. 포켓몬 GO 회사는 플랫폼 기업인 구글과 애플을 통해 서비스를 제공했고 수익의 30%를 지불했다. 뛰는 놈 위에 나는 놈이 있었던 것이다.

이번 주말에 우리 가족은 음식 주문 앱으로 치킨을 시켜 먹고, 모바일 쇼핑으로 휴양지에서 입을 옷을 샀다. 모바일로 예약해 둔 비행기 표를 열어 체크인을 한 후 카카오 택시를 불러 타고 OO페이로 결제한 후 공항에 내렸다. 미리 체크인을 했기에 기다리는 시간 없이 바로 면세 구역으로 들어가 인터넷 면세점에서 미리 산 면세품을 수령했다. 에어비앤비로 예약한 숙박업소의 호스트에게 도착 시간을 알렸다. 공항에 일찍 도착한 탓에 남는 시간 동안 내년 이사를 위해 부동산 앱을 열어 시세 비교를 했다.

이렇듯 나의 하루 일과를 써 보니 O2O(Online to Offline)비즈니스에서 참 많은 일을 했다. 아마도 우리는 모두 이런 시스템 속에서 경제생활을 할 것이다. 이미 우리는 4차 산업혁명 속 경제 주체가 됐다.

4차 산업혁명이 노동시장에는 '죽을 사(死)'를 써서 死차 산업혁명을 가지고 올 것이라는 사람들도 있다. 사람이 할 수 있는 일을 로봇으로 대체하는 상황을 우려하기 때문이다. 우리는 노동의 죽음이라는 4차 산업혁명 시대에서 아이를 키워야 한다. 아이들과 함께 4차 산업혁명 시대를 공부하고 대비해 보자.

우리 동네에는 장난감에만 관심이 많은 괴짜 초등학생이 있다. 현재 4학년인데 2학년 때 공부했어야 할 구구단도 헷갈려하는 아이이다. 하지만 이 아이는 장난감 박사다. 아이 엄마는 이 아이 때문에 내내 힘들어했다. 아이가 커서 뭐가 될지 막막하다며 필자에게 상담해 왔다.

필자는 이 엄마에게 생각을 전환해 보라고 했다. 구구단을 능숙하게 하는 아이가 당신 아들의 해박한 장난감 지식보다 높이 평가되는 건 학교에서 뿐이다.

'아기 상어'라는 노래가 전 세계에서 벌어들인 수익이 2019년 기준 1,055억 원이다. '아기 상어'가 단순히 유튜브 조회수 1위에 등극해서 얻은 수익이 아니다. '아기 상어'라는 콘텐츠가 노래에만 국한하지 않고 인형, 옷, 학용품 등 상품의 캐릭터가 되었기에 가능했다. 아기 상어라는 지식재산권(IP)의 미래 가치는 더욱 빛날 것이다.

아이가 장난감 지식에 해박하다.

→ 실질적 부가가치를 창출할 수 있는가?

→ 아이가 좋아하는 것을 연결해 줄 플랫폼이 있는가?

→ 아이의 흥미와 지식을 콘텐츠 산업과 묶을 수 있는가?

이런 것들을 생각해 보면 어떨까?

아이는 장난감 가게를 낼 수도 있지만 장난감을 고치는 사업을 할 수도 있다. 장난감 개발자가 될 수도 있고, 새로운 캐릭터를 만들어 내는 콘텐츠 기획자가 될 수도 있다.

4차 산업혁명 시대의 부모는 아이의 흥미와 관심에 집중했으면 좋겠다. 학교 교육이나 기존의 잣대가 아닌 독특한 생각이 4차 산업혁명의 기술과 만난다면 에너지는 대단할 것이다. 또 인공지능 시스템의 도입으로 생기는 인간성 상실 문제에 의연할 수 있는 인성 교육에 힘을 실었으면 한다. 4차 산업혁명에서 요구하는 과학기술적 역량을 길러 주고, '인간답게' 살아갈 수 있는 가치관을 심어 주는 역할을 해야만 아이들이 인공지능 세상에서 의연하게 살아남을 수 있다.

또 부모는 일자리 감소와 직업 소멸의 위기에 몰린 시대에 내아이가 안정되고 잠재력 있는 직업을 가질 수 있도록 안내해야 한다. 직업의 롤모델이 될 수 있는 사람이 있다면 더욱 좋다.

새로운 직업을 소개하는 일이 어렵다면 기존 직업을 자신만의 영역으로 특화한 사람을 소개해 보는 건 어떨까?

현재 AI 직업 연봉 순위 1위는 머신러닝 엔지니어이다. 컴퓨터가 스스로 학습할 수 있도록 알고리즘을 이용해 학습 프로그램을 개발하는 일을 하는 사람이다.

2위는 데이터과학자로 많은 양의 자료를 수집, 정리하는 알고리즘을 만든다. 생소하고 새로운 직업군이다.

이외에 미래의 유망직업으로 사물인터넷 전문가, 인공지능 전문가, 빅데이터 전문가, 가상현실/증강현실 전문가, 생명과학 연

신기술에 따른 새로운 직업 등장	기존 직업의 역할 강화

• 사물인터넷 전문가
• 인공지능 전문가
• 가상현실/증강현실 전문가
• 드론 조종사 / 드론 관제사
• 자율주행차 개발자
• 3D 프린팅 전문가
• 클라우드 엔지니어
  (시스템 엔지니어/네트워크 엔지니어)
• 빅데이터 플랫폼 운영자
  (DB 관리자/시스템 운영자)
	• IT보안 전문가
	• 소프트웨어 개발자
	• 로봇개발자
	• 로봇운영관리자/
	  로봇유지보수기술자
	• 생명공학자
	• (스마트팩토리)생산공정
	  설계기술자/생산관리기술자/
	  품질관리기술자
	• 3D모델러

직무의 전문화/세분화	**기존 직업의 역할 강화**

• 데이터분석가→ 데이터엔지니어,
  데이터과학자, 빅데이터 전문가
• IT 보안 전문가→ IoT보안 전문가,
  자율주행차 보안 전문가, 핀테크
  보안 전문가 등
• 소프트웨어 개발자→ 블록체인
  전문가, 인공지능 전문가,
  스마트팩토리 SW 전문가
	• 핀테크 전문가 (금융 + IT)
	• 의료정보 분석사
	  (의료 + 빅데이터 + IT)
	• 공유 플랫폼 운영자
	  (경영기획/마케팅 + IT)

(출처: 한국고용정보원 2022)

구원, 정보보호 전문가, 로봇공학자, 자율주행차 전문가, 스마트 팜 전문가, 환경공학자, 스마트 헬스케어 전문가, 3D 프린팅 전문가, 드론 전문가, 소프트웨어 개발자, 신·재생에너지 전문가가 있다.

사람의 수명은 연장되고 지식과 기술의 수명은 단축될 것이다. 이제 평생 직장의 개념이 아닌 평생 무언가를 배우고 새로운 직업을 끊임없이 선택해야 할 수 있다. 이에 우리 아이는 유연하고 확장된 사고를 하는 창의적인 아이로 키워야 한다. 모두가 한 방향을 보고 가는 획일적 교육이 아닌 아이의 흥미와 개성을 존중해 주면서 새로운 시대를 대비해 보자.

슈퍼리치 만들기 프로젝트 02

1. 우리 집에서 필요한 물건, 필요하지 않은 물건을 나눠 보자.

필요한 물건	필요하지 않은 물건

2. 필요하지 않은 물건을 어떤 플랫폼에 어떻게 공유할지 계획을 세워 보자.

_____

_____

_____

_____

_____

_____

새로운 돈벌이가 몰려온다
: 직업

공간이 돈이다

강남의 집값은 비싸다. 연봉 5,000만 원을 받는 직장인이 10년을 모아도 강남의 전세살이조차 꿈꿀 수 없는 현실이 되었다. 예전에 '말은 제주로 보내고 사람은 서울로 보내라'는 속담이 있었다면 요즘은 '교육을 하려면 대치동으로 보내라'는 속담이 생긴다 해도 이상하지 않다.

교육과 관련된 인프라가 강남을 중심으로 몰려 있기 때문에 강남 불패 신화는 계속될 것이라 여겨진다. 강남이 지리적으로 사통팔달의 교통망을 자랑하고 고급 주거 시설이 몰려 있다지만 강남 집값이 고공 행진하는 이유는 밀집된 학원가, 초품아(초등학교를 품고 있는 아파트), 입시 결과 좋은 고등학교 등의 교육 기반 시설 때문이라 생각한다.

공간이 돈이 되는 세상이다. 일찍이 강남에서 터를 잡은 사람과 그렇지 못한 사람의 격차가 점점 벌어지고 있다. 벼락거지와 벼락부자 사이에서 우리는 서둘러 정신을 차리고 공간에 주목해야 한다.

젠트리피케이션(Gentrification)

젠트리피케이션은 1964년 영국의 사회학자 루스 글래스가 처음 사용한 개념이다. 낙후된 지역에 중산층이 이주하면서 동네가 변화되는 것을 말한다. 또 오래 되고 낙후된 도시에 개성 있는 가게들이 입주하거나 예술적인 또는 새로운 문화적 콘셉트를 가진 상점들이 입점하면서 지역적 특색을 갖게 되는 것을 말하기도 한다.

젠트리피케이션 발생지로 꼽히는 미국의 맨해튼은 1950년대에 창고와 공장이 즐비한 도시였다. 이곳에 돈 없는 예술가들이 정착했고 도시는 활기를 되찾았다. 미국의 맨해튼이 과거에 공장도시였다니 신기할 따름이다.

우리나라에서도 독특한 개성을 가진 가로수길(신사동), 경리단길(이태원동), 샤로수길(서울대입구), 망리단길(망원동) 같은 핫플레이스가 있다. 홍대에서 번성했던 상권이 동교동, 성산동, 망원동, 연남동, 합정동, 상수동까지 확장되고 있다. 이태원의 상권이 경리단길, 해방촌과 후암동으로 광역화되었다. 관심 대상이 아니었던 곳이 소위 뜨는 동네가 되고 있다.

우리 아이들과 핫플레이스에서 맛있는 것을 먹으며 젠트리피케이션에 대해 이야기해 보면 어떨까? 공간의 확장성을 보는 눈이 생기면 돈이 어디로 어떻게 이동하는지도 보인다.

그러나 뛰는 임대료에 핫플레이스를 만든 개국 공신들이 쫓겨나는 사태가 벌어지기도 하고 관광객 때문에 입주민이 밀려나는 '투어리스티피케이션(Touristification)' 현상이 발생할 수도 있다. 유동 인구가 늘면서 땅값과 임대료가 높아지고, 이에 소상공인은 부담을 느껴 다른 곳으로 이주하게 되고, 자본력 있는 대기업 프랜차이즈가 유입되면서 특색이 없는 동네가 되면 문화적으로 매력이 없어진다. 바로 '문화백화현상'이 발생한다. 그러면 다시 유동 인구가 현격히 줄면서 가게들이 줄도산하기에 이른다. 이렇게 젠트리피케이션이 장점만 있는 건 아니다.

젠트리피케이션의 장단점을 살펴보며 아이와 이런 문제들에 대해 해결책을 이야기해 보자. 공간이 힘을 갖고 있다면 분명 위기를 극복할 수 있을 테니 말이다.

예를 들어 베를린은 한 해 관광객이 1,200만 명에 육박하면서 지역 주민들의 설 자리가 점점 좁아졌다. 이에 베를린시는 단기임대금지법을 만들어 이를 위반하면 1억 원의 벌금을 부과했다. 건

물주가 임대료의 10% 이상을 올려 받지 못하도록 하는 '렌탈브레이크(rental brake) 제도'도 시행하여 주민을 보호했다. 이렇게 젠트리피케이션 문제를 극복해 나가고 있다.

그럼 다음 젠트리피케이션으로 선정될 도시는 어디가 될 수 있을까? 즉, 지금은 소도시이고 유명하지 않지만 교통이 편리하고 확장성이 있는 도시는 어디일까?

아이와 낙후된 도시의 미래 가능성을 염두에 두고 지켜보며 통계를 내 보면 수학과 사회, 지리 공부뿐 아니라 경제 공부에도 도움이 된다. 나아가 투자 공부에도 도움이 되고 사회를 미시, 거시적 관점에서 바라보는 눈을 키워 주는 데에도 큰 역할을 한다.

예를 들어 '레고'를 좋아하는 아이라면 춘천에 들어선 '레고랜드'에 관심이 있을 것이다.

필자는 개장 전에 미리 방문할 수 있는 연간회원권을 끊었다. 직접 가 보니 아직 레고호텔은 개장 전이어서 인근 호텔에서 숙박을 해야 했다. 그러고는 미리 2022년 8월 레고호텔 1박을 예약했다. 레고호텔은 서울의 최고급 호텔 숙박료 이상의 가격이었다. 상황이 이러하니 춘천의 숙박업소가 때 아닌 활황을 맞고 있다. 6월 현충일 연휴에 춘천에서의 숙박은 거의 불가능했다. 호텔뿐 아니라 에어비앤비, 게스트 하우스까지 취소분이 나올까 싶어 직접 전화도 해 보았지만 이미 두 달 전부터 만실이라는 답이 돌아왔다. 이렇듯 춘천의 숙박 선택지가 너무나도 적었다.

자! 그럼 이제 춘천에는 수많은 신축 숙박 시설이 생겨날 것이다. 기존의 숙박 시설은 아이들이 좋아할 만한 곳으로 리모델링을 하지 않을까 예상된다. 그 주변에는 아이들과 함께 식사할 수 있는 패밀리 레스토랑도 들어올 가능성이 높다. 혹은 레고랜드 주변 공지천이나 의암호 주변 카누를 타는 곳, 곤돌라에도 평상시보다 가족 손님들이 몰릴 것이다.

이런 식으로 아이와 레고랜드에 간다면 젠트리피케이션에 대에 이야기해 볼 수 있다. 1년 후, 2년 후 춘천 인구 수의 변화나 숙박 시설의 추이, 상점 수, 경제 규모의 변화 등을 살펴봐도 좋을 것 같다. 이렇게 공간의 확장성에 주목한다면 아이가 세상을 보는 눈을 키울 수 있지 않을까?

메이커스 시대

'메이커스 운동(Makers Movement)'이란 컴퓨터로 그린 도면을 3D 프린터 등 디지털 기기를 이용하여 빠르고 저렴하게 직접 제품을 만드는 활동을 말한다.

메이커스 시대는 대기업 제품을 골라 사야 하는 몰개성화의 소비에서 자신이 원하는 것을 직접 만들어 사용하는 능동적 소비의 시대를 의미한다.

누구나 아이디어만 있다면 혁신적인 제품을 만들어 소비뿐 아니라 판매도 할 수 있다. 즉, 아이디어가 돈이 되는 세상이 되었다. 근로소득에 만족하며 묵묵히 회사에 다니는 성실한 아이도 필요하지만 끊임없이 자신의 '필요'에 반응하는 창의적인 아이도 필요하다. 성실함보다는 '창의력'이 더 돈이 되는 세상이 도래했다.

메이커스 시대는 1인 제조 시대이자, 1인 기업 시대이다.

고양이와 놀다가 팔이 아파진 누군가는 자동으로 움직이는 고양이용 장난감을 개발했다. 오래 의자에 앉아 일하는 사무직 직원은 체중이 고루 분산되는 방석을 개발했다. 연필의 필수품인 지우개. 그 둘을 결합한 제품이 끊임없이 생산되고 있다. 아마도 인간이 글자를 손으로 쓰지 않게 되는 시점까지는 최고의 발명품일 것이다. 이런 소소한 아이디어가 내 아이의 밥벌이 수단이 될 수 있다. 어쩌면 몇 대가 먹고살 수 있는 하늘에서 보내 준 동아줄이 될지도 모른다.

혼밥의 시대처럼 혼자 제품을 생산하는 혼제(혼자 제조하는 시대)의 시대를 대비하고 있는가?

미국의 로컬 모터스라는 자동차 회사는 3D 프린터로 48시간만에 자동차를 찍어 낸다. 고객의 의견을 반영한 소비자별 맞춤 제품이 빠른 시간 내에 생산된다. 고부가가치 산업인 메이커스 운동을 국가에서 육성하는 분위기이다.

우리나라의 경우 제조업의 메카인 서울 문래동을 기점으로 전국에 '무한 상상실'이 생겨나고 있다. 이곳에서 설비와 아이디어를 공유하고 발전시킬 수 있다. 세상은 이렇게 변화하는데 부모인 우리는 대기업, 전문직만이 살 길이라며 아이들의 상상 에너지를 저해하고 있는 건 아닌지 고민해 봐야 한다.

신 소득원을 공부해라!

무슨 무슨 테크라고 하면 기계 회사를 떠올리고, 오픈런이라고 하면 게임 이름을 떠올리고 있는가? '롤테크', '레테크', '스테크' 등의 단어가 생소하다면 한 번쯤 나를 되돌아봐야 할 시점이다.

롤렉스 시계의 가격이 오르면서 보유 자체가 돈이 되는 롤렉스 시계 재테크인 롤테크, 아이들이 좋아하는 레고가 단종되면서 희귀성이 생기고 가격이 오르는 레고 재테크인 레테크, 스타벅스의 굿즈가 중고시장에서 몇 배 가격으로 팔리는 스테크. 이외에도 샤넬 가방의 가격이 올라 가치가 상승하면 되파는 샤테크도 있다.

어떤 물건의 가치 상승에 따라 보유 자체가 재테크의 수단이 되는 것을 '00+재테크'의 합성어인 '00테크'라고 한다. 그렇다면 리셀테크는 무엇일까?

리셀은 다시(Re)+판매(Sell)+재테크(Tech)를 합친 용어다.

위에 언급했던 롤테크, 샤테크 등과 함께 팬 사인회 대기 순서나 명품을 사기 위해 오픈 전 줄을 서는 오픈런까지 리셀의 종류는 무형의 서비스도 포함한다. 쇼핑이라는 소비 욕구에 부합하면서 초기 투자비용이 적어 MZ세대 재테크 수단으로 안성맞춤이다. 더구나 코로나19로 인한 보복 소비로 명품 품귀 현상이 일어나면서 리셀로도 큰 수익을 낼 수 있게 되었다. 남는 시간에 줄만 섰을 뿐인데 샤넬 가방을 득템했다면 바로 당근마켓이나 번개 장터에 물건을 되팔아 수익을 얻는다. 내가 가진 정보력과 들인 시간에 대한 보상이 수익과 연결되는 것이다. 이 얼마나 신박한 돈 벌이 수단인가! 물론 공연 티켓이나 기차표를 리셀하는 건 불법이니 주의할 필요가 있다.

앞서 초기 투자비용이 적다고 했는데 롤렉스 같은 명품 시계는 수백, 수천 만 원이라는 투자비용과 팔리지 않을 때 자금이 묶일 수 있는 위험을 감수해야 하지 않을까?

우리의 민지(MZ)들은 똑똑하다. 뛰는 놈 위에 나는 놈이 바로 그들이다. 그래서 그들은 '조각 투자'라는 걸 만들었다. 커피숍에서 조각 케이크를 파는 것처럼 비싼 명품의 일부에 돈을 투자하는 공동 투자 방식을 고안했다. 수억 원을 호가하는 유명 예술가의 그림에 투자하는 건 부담스러우니 투자한 지분만큼의 소유를 인정하는 아트테크도 조각 투자 방식으로 가능하다. 소유권을 조각처럼 배분하고 되판 후 차익을 투자자에게 배분하는 방식. 투자의 효율성면에서는 최고의 방법이라 할 수 있다.

지금 당장! 주위를 둘러보자!

아이와 함께 불필요한 물건을 정리해서 당근마켓이나 중고나라에 물건을 팔아 보자. 그 돈을 종잣돈 삼아 조각 투자나 리셀테크에 도전해 보면 어떨까? 자원도 절약하고 빠르게 돌아가는 세상에 대한 공부도 하고 짭짤한 수익까지 얻을 수 있으니 저절로 경제 공부가 되지 않겠는가!

넌 돈 내고 운동하니? 난 돈 받고 운동해!

요즘은 운동도 돈이 없으면 하기 힘든 시대다. 1대1 PT를 받는다든가 필라테스 수업을 받고, 골프를 배우는 것은 꽤 돈이 드는 운동이다.

그러나 운동은 뭐니뭐니 해도 걷기와 달리기가 아니겠는가! 그래서인지 요즘에는 런데이 앱이 인기가 있고, 스마트 워치로 자신의 신체 리듬을 스스로 체크하는 사람들도 많다. 회식이 줄고 가족과 함께하는 여가 시간이 늘면서 이제 운동은 필수인 시대가 되었다.

"너희는 운동만 하니? 난 돈도 벌어."

누군가가 이렇게 이야기한다면 '뭐? 운동하면서 돈을 번다고? 말도 안 돼'라고 놀랄 수도 있다. 그러나 런데이와 소득을 연결시킨 투잡이 실제로 존재한다. 택배나 음식 배달의 배달파트너가 바로 그것이다.

필자의 지인은 매일 2시간 런데이를 하는데 배달파트너 앱을 깔고 운동을 하다 라이더를 구하는 콜이 오면 심부름을 해 주고 돈을 번다. 2시간 걸으면서 만 원 정도의 수익을 얻을 수 있다며 꿩 먹고 알 먹고 너무 좋은 수익원이라고 자랑한다. 심지어 아이에게 경제 교육을 시키기 위해 아이와 산책길에 배달앱을 열어 한두 건 아이와 함께 배달한 후 그 수입을 아이에게 용돈으로 준다고 한다. 그야말로 살아 있는 경제 교육이다.

며칠 전 아파트 단지에서 독일의 B사 차량의 트렁크가 열리더니 배달 치킨이 나왔고 차주는 그 치킨을 들고 배달을 했다. 고급 승용차를 타고 다니며 치킨 배달이라니! 필자는 용기를 내어 그 사람에게 다가가 물었다. 자신은 배달파트너로 소득을 창출 중이라고 한다. 하루 한두 건 퇴근길에 배달을 하면서 아이 학원비도 벌고 소소하게 용돈벌이도 하는 중이라고 했다. 정말 놀라웠다.

학원가에는 커피숍이나 식당가도 함께 몰려 있는 경우가 많다. 아이 학원 시간을 기다리면서 커피숍에서 휴대전화로 인별그램을 하며 무심하게 시간을 보내기보다 배달앱을 켜서 운동도 하고 소소하게 수익을 창출해 보면 어떨까?

글 솜씨와 손가락 터치할 힘만 있으면 돈을 번다?

최근 홈쇼핑을 운영하는 대기업에서 '와이드앱'이란 재미있는 앱을 개발했다. 누구든 앱을 다운받고, 그곳에 자신이 사용하는 물건의 장단점을 찍어 올린다. 그 고객평을 보고 누군가가 그 물건을 구입했다면 혹은 구입은 하지 않았으나 동영상 조회수가 높다면 수당을 받게 된다. 회사 입장에서는 광고비를 절약할 수 있고, 구매자는 실제 고객평을 생생하게 들을 수 있으며, 영상을 찍어 올린 사람은 수익을 얻을 수 있으니 정말 참신한 돈벌이 수단이다.

가정에서 아이와 함께 도전해 보자!
아이는 자신이 사용하는 물건의 장단점을 올리면서 생각을 정리할 수 있고, 남들이 이해하기 쉽도록 표현하는 방법도 기를 수 있다. 그런데 그것이 돈을 벌어 준다니 아이에게 확실한 경제 공부를 시킬 수 있다.

필자의 대학 졸업 논문 제목이 〈NIE(Newspaper in Education)를 통한 사회 교육〉이었다. 신문을 통해 사회 교육을 어떻게 바람직하게 할지를 고민하며 논문을 작성했다. 20대 초반에 신문을 요리조리 살피며 어떻게 경제, 사회, 문화를 아이에게 잘 지도할까 이런저런 고민을 했는데… 요즘 아이들은 스마트폰만 있으면 가정에서 경제 교육을 자연스럽게 할 수 있다니 20년 만에 세상이 정말 많이 변했다.

주위를 둘러보면 굴러가는 돈이 보인다. TV 리모컨을 돌리는 힘만 있으면 남에게 아쉬운 소리 하지 않고도 돈을 벌 수 있는 기회가 많다는 말이다. 그러기 위해선 '정보'에 귀 기울여야 한다. 경제TV도 보고 광고를 보다가도 내게 필요한 정보가 있으면 지나치지 말고 메모해 놓자. 내 지갑을 든든하게 채워 줄 기회들이 줄을 서 있으니 말이다.

내 능력을 펼칠 투잡의 기회를 잡아라! 투잡, 쓰리잡의 시대! 월급만으로는 먹고살기 힘든 시대이다. 어느 시대든 월급이 풍족하다고 느낀 적은 없겠지만 물가는 오르고 집값은 노동 수입의 한계를 뛰어넘었다.

서학개미니 동학개미니 남들은 주식에 열심히 투자하는데 하루하루 먹고사는 것도 힘든 월급쟁이에게 투자해서 대박 났다는 사람들은 신기루와 같다.

대리운전을 뛰어 볼까? 카페나 호프집에서 아르바이트를 해야 하나? 퇴근 후 식당에서 불판이라도 닦아야 하나? 우리나라처럼 고학력자가 대리운전을 하는 나라가 또 있을까? 자신의 재능을 살려 부수입을 얻을 수 있는 곳은 어디에 있을까?

필자는 그들에게 '재능 마켓 플랫폼'을 소개하고 싶다. 자신이 가진 재능 또는 취미나 특기를 살릴 수 있는 일을 프리랜서 마켓에서 팔 수 있다. 바로 '크몽'이라는 재능 마켓 플랫폼이다. 큰 회사에 의뢰하기는 규모가 작은 일이거나, 큰 투자 없이 도움을 받고 싶어 하는 소소한 창업자, 마케터 누구든 나의 재능이 필요한 사람이 이를 구매한다. 그 수익은 일정의 수수료를 제하고 내 통장으로 들어온다. 대단한 재능을 가진 사람만 전문가를 할 수 있는 건 아니다.

내가 어떤 이의 이야기를 잘 들어주는 성향이라면 누군가의 해우소가 될 수도 있다. 조언이나 말동무를 할 수 있는 것도 재능이니 친구와 편하게 수다 떨듯이 하는 행위로도 나에게 소득을 가져다 준다. 나는 친구와 소주잔을 기울이며 친구의 연애 상담을 해주고, 그 부분에 일가견이 있는 사람이라고 자부한다면 연애 상담소를 차릴 수도 있다. 그림을 잘 그린다면 초상화 마켓을, 사진을 잘 찍는다면 휴대전화 배경 화면을 만들어 팔 수도 있다.

필자는 학부모들이 고해성사할 수 있는 상담방을 한번 차려 보고 싶다는 상상을 했다. 혹은 너무 쉬운 문제여서 누군가에게 묻기는 부끄러운 질문에 대답해 주는 상담소는 어떨까? 돈이 되는 즐거운 상상이다. 통계를 배웠다면 논문 통계를 대신해 주거나, 칠전팔기의 입사 시험을 치러 봤다면 노하우를 전수해도 좋다. 입사를 위해 자기소개서를 수십 장 써 봤다면 자기소개서 작성을 도와 줄 수 있다. 요리나 사진 찍는 기술, 주식 투자 방법 등 영역도 다양하다.

필자의 친정엄마는 손녀 딸아이의 머리 모양을 수시로 바꿔 주시는데 머리 땋는 법을 배우고 싶은 사람들에게 노하우를 전수해

주는 마켓을 차려도 좋을 것 같다. 내 아이가 책을 재미있게 읽는 재주가 있다면 친구들에게 동화책을 읽어 주거나, 내 아이가 런닝 맨 작가를 능가할 정도로 수많은 게임 개발에 몰입하는 아이라면 신박한 게임 안내서를 만들어도 좋다.

몽상이 아닌

꿈을 꾸는 사람과 어울려야 한다.

거대한 목표를 세우고 위대한 일을 이루려는 사람과

가까이하면 우리도 그렇게 된다.

우리가 잠재력을 온전히 발휘하도록

도와줄 사람을 만나야 한다.

– 조엘 오스틴 –

아이의 재능을 찾아 이야기하며 함께 '돈이 되는 상상'을 해 보자. 나와 내 아이의 재능이 새로운 부수입을 가져올 것이다.

슈퍼리치 만들기 프로젝트 03

1. 아이들과 핫플레이스에서 맛있는 것을 먹으며 젠트리피케이션에 대해 이야기해 보자.

2. 아이와 함께 불필요한 물건을 정리해서 당근마켓이나 중고나라에 팔아 보자. 그 돈을 종잣돈 삼아 조각 투자나 리셀테크를 시도해 보자.

3. 아이와 사용하는 물건의 장단점을 이야기 나눈 후 관련 앱에 상품 평을 올려 보자.

4. 아이의 재능을 찾아 이를 활용한 '돈이 되는 상상'을 해 보자.

도전을 두려워하지 않는
아이로 키운다
:창업

미국 인구의 2%에 불과한 유대인들이 미국 자산의 20%를 소유하고 있다. 전 세계 인구의 0.3%에 불과한 유대인들이 노벨경제학상 수상자의 42%를 배출했다. 또한 세계 억만장자의 30%가 유대인이다. 이러한 힘은 대체 어디에서 오는 걸까?

13살에 성인식을 하는 유대인들은 이때부터 투자를 시작한다. 마이크로소프트의 빌 게이츠, 애플의 스티브 잡스, 페이스북의 마크 저커버그, 구글의 래리 페이지와 세리게이 브린 등 세상을 움직이는 수많은 사람들이 유대인들이다.

이들은 대기업에 취업하기 위해 공부하지 않았다. 본인이 기업가가 되기 위해 끊임없이 생각했다. 이스라엘 학생의 90%는 창업을 꿈꾼다고 한다. 우리나라의 희망 직업 1순위는 여전히 공무원, 교사이고 창업을 희망하는 학생은 5% 정도로 미비한 수준이다.

사실 필자도 금융문맹 시절 미래의 꿈을 묻는 질문에 CEO라고 답하는 친구들을 보면 '무슨 뜬구름 잡는 소리인가!' 고개를 갸우뚱한 적이 있음을 고백한다. 그러나 세상은 변하고 있다. 모두 기업가가 될 수는 없지만 최소한 기업가 정신을 무장한 채 언제든 창업할 수 있는 아이디어와 창의력을 가지고 있어야 한다. 필자는 우리나라에서 좋은 기업가가 나오길 간절히 소망한다.

2017년 페이스북의 창업자 마크 저커버그는 하버드 대학 졸업식에서 이렇게 말했다.

"위대한 성공은 실패할 자유에서 태어난다."

'빠르게 자주 실패하라(Fail fast on often)'

세계 최고 애니메이션 회사 '픽사(PIXAR)'는 모든 수단을 동원해서 가능한 한 실패하라고 말한다. 실패한 순간 인간은 발전하고 실패를 딛고 일어설 용기와 값진 경험을 얻는다. 실패는 '도전'을 해야 생기고 '실패'해야 똥인지 된장인지 알 수 있다.

세계적인 기업들의 처음 시작은 '차고(Garage)'였다. 젊은 도전자들은 차고 한편에서 계획하고, 친구들과 머리를 맞대고 고민했다. 생각과 도전은 초기 투자비용이 없는 가성비템이기 때문이다.

우리 아이들이 살아갈 세상은 인공지능과 로봇, 빅데이터 등의 기술 발전이 고도화된 4차 산업혁명 시대이다. 빠르게 변화하는 시대에서 아이들이 도태되지 않고 역동적으로 수익을 창출할 수 있는 방법은 무엇일까? 즉, 4차 산업혁명 시대가 요구하는 인간상은 무엇일까? 그 정답을 안다면 육아의 해답이 보이지 않을까?

감히 정답을 단언하자면 4차 산업혁명기의 해답은 '기업가 정신'이다. '기업가 정신'은 새로운 가치를 창출하려는 동기와 실천하는 활동으로 '변화와 혁신을 주도하는 시대정신'이다. 방점을 기업가에 찍지 않고 전체적 시대정신에 찍어야 한다. 시대와 상황의 변화에 창의적으로 대처할 수 있는 인간상. 기업가 정신은 그런 인간을 위한 핵심 역량이다.

2006년 오슬로 어젠다에서 초, 중, 고등학교 교육과정에 '기업가 정신 의무 교육'을 권고한 이후 세계 여러 나라에서는 이를 교육과정에 포함시켰다. 미국은 40개 이상의 주에서 관련 교육을 실시하고 있으며, EU의 모든 고등학교에서 기업가 정신을 교육한다. 내가 리더가 되어 사람들을 이끌고 어떤 위험을 감수하고서라도 미래 비전을 추구하는 도전적인 기업가가 되는 것. 그 정신이야말로 새 시대를 위한 삶의 가치관이 되어야 한다.

북유럽의 교육 선진국 핀란드는 기업가 정신을 교육하기 위해 '피꾸유리타얏(Pikkuyrittäjät 어린이 창업자)'이라는 어린이 창업자 교육 프로그램을 운영 중이다. 사업 아이디어를 구상하고 제품 및 서비스의 시제품을 만들어 실제 고객에게 판매하는 과정까지 경험하게 한다. 이런 창업 교육의 효과는 창의력, 혁신성, 위기 극복력, 책임감, 추진력, 자신감을 자연스럽게 체득시킨다.

미국의 알리나 모스라는 소녀는 7살이었던 2012년에 은행원이 건넨 사탕에서 처음 사업 아이디어를 찾았다. 은행원이 준 사탕을 먹으려는 그녀에게 아빠는 "안 돼! 이 썩는다."라고 했고 모스는 "그럼 이가 썩지 않는 사탕은 없어요?"라고 되물었다. 바로 그것이 사업 아이디어가 되었다.

모스는 맛도 좋고 이도 썩지 않는 사탕을 만들기 위해 관련 전문가와 2년을 연구해 개발했고 오히려 치아를 더욱 튼튼하게 해 주는 사탕을 개발했다. 모스가 만든 졸리팝(Zollipops) 사탕은 온, 오프라인 7,500개 상점에서 판매 중이고, 2018년 기준 600만 달러(약 67억 원)의 매출을 올렸다. 단순한 호기심에서 시작한 질문과 아이의 필요를 지나치지 않고 함께 고민하며 400여만 원의 초기 사업비용을 대 준 부모의 통 큰 지원 덕분이었다. 여기서 더 나아가 모스는 기업가 정신을 발휘해 수익 중 10%는 어린이 구강 건강 사업을 위해 기부하고 있다고 한다.

2014년 영국의 레베카 엘리자베스 애플야드 자매는 4살, 7살에 대학 등록금을 벌자는 목표를 가지고 사업을 구상했다. 사탕을 좋아했던 자매는 또래 친구들이 좋아하는 군것질 거리를 판매하면 분명 이익이 있을 것이라 판단했다. 부모님에게 12만 원의 투자금을 받아 'Just for Kids'를 설립했다. 사업은 시작 2주 만에 순이익 120파운드(약 18만 원)를 기록하여 이익을 창출했다. 영국 최연소 CEO인 자매는 현재도 투명하고 효율적인 경영으로 사업을 확장하고 있다고 한다.

캐나다에는 8살에 10억을 번 라이언 로스라는 어린이가 있다. 3살 때 달걀 판매를 시작했고 잔디 깎기, 세탁 대행 서비스로 사업을 확장했다. 이 소년은 자신이 어리고 체구가 작아 잔디 깎기에 부적격하다는 걸 알고 자기보다 나이가 많은 형, 누나를 직원으로 고용한 후 중개수수료를 받는 식의 대행 사업을 운영했다. 현재는 노숙자에게 물품을 제공하는 자선 사업도 운영 중이라고 한다.

단순히 책이 좋아 서점을 창업한 미국의 드내이 퍼거슨이라는 소녀가 있다. 처음 시작은 책을 사랑하는 마음이었고, 자신이 가지고 있는 책을 모아 서점을 열고 싶다는 바람이었다. 2016년 9살이 되던 해 그녀는 '마음으로 읽기(Reading Heart)' 서점을 열었다. 아버지는 드내이의 사업을 적극 지원했고, 서점을 여는 것과 취미로 책을 읽는 것은 분명히 다른 책임이 있음을 설명했다. 드 내이는 자신이 가지고 있던 1,000권의 책과 SNS를 통해 저렴하게 구매한 책을 합하여 9만여 권의 책을 판매했고, 미국의 가장 어린 10대 사업가 중 한 명이 되었다.

　필자는 우리나라의 어린이 사업가를 찾으려고 노력했으나 찾는 게 쉽지 않았다. 왜 그럴까? 우리는 주식 초보를 '주린이', 부동산 초보를 '부린이'라고 표현하면서 어린이를 미숙함의 상징으로 표현하고 있다.

　외국의 어린이 CEO들은 단순 호기심과 궁금증에서 시작하여 부모나 주변의 지지를 받아 사업을 시작했다. 우리나라처럼 어린이를 정말 미숙하고 어리숙한 사람으로만 대우한다면 어린이 CEO 탄생은 계속 남의 나라 이야기일 것이다.

　아이가 도전을 두려워하지 않고 자신의 아이디어를 발전시킬 수 있는 기회를 줘 보자. 모래성일지라도 아이와 사업 아이디어를 이야기해 보고, 더 나아가 사업계획서를 작성해 보면 어떨까? 쌓고 쌓다 보면 분명 단단한 성이 되어 있을 것이다.

슈퍼리치 만들기 프로젝트 04

1. 아이와 함께 사업 아이디어를 이야기해 보고, 사업계획서를 작성해
   보자.

★관심 있는 분야 및 창업 아이템은?

★자금은 어느 정도 필요한가? 조달 방법은?

★어떤 플랫폼에서 누구에게 판매할 것인가?

돈을 불리는 마법 상자
: 복리

'The Rule of 72'를 기억해라!

72의 법칙은 내 돈이 두 배가 되는 데 걸리는 시간이다.

내 돈이 두 배가 되는 데 걸리는 시간 = 72 / 수익률(%)

만약 내 수익률이 8%였다면 72/8(%)=9년

9년이 되면 내 원금은 두 배가 된다.

1,000만 원을 투자해서 8% 수익을 얻는다면 9년 후에 내 돈은 2,000만 원이 된다. 9년 후에 2,000만 원을 재투자 한다면 1,000만 원을 얻는 데 4~5년이 걸리고, 4~5년 후에 3,000만 원을 재투자해서 다시 1,000만원을 얻는 데는 2~3년이 걸린다. 이게 복리의 마법이다. 꾸준히 투자하고 늘어난 재산을 재투자한다면 언

젠가는 1,000만 원을 얻는 데 며칠이면 가능할 수도 있다. 그래서 최대한 빠른 투자를 해야 한다. 하루라도 빨리 말이다. 그래서 당신의 아이는 지금이 가장 좋은 기회이다. 어릴 때 시작할 수 있는 행운을 쥐었기 때문이다.

언제 투자해야 하느냐? 답은 지금 당장이다!

'살라가둘라 메치카불라 비비디 바비디부'

모든 것이 이루어지는 마법의 주문이다. 이 주문이 호박을 마차로, 누더기 옷을 멋진 드레스로 바꿔 주었다. 신데렐라는 멋진 마차와 화려한 드레스를 입고 상류사회의 파티를 경험했다. 신데렐라가 간과한 건 12시라는 시간 약속.

파티에 참석해 본 적 없는 신데렐라는 파티가 절정을 이룰 12시라는 시간이 그렇게 빨리 올 줄 몰랐다. 어쩌면 눈앞에 보이는 화려한 것들에 현혹되어 파티 참석에만 초점을 맞췄을지도 모른다. 마법사 아주머니에게 한 시간만 더 여유를 달라고 간청했다거나 일방적인 약속이니 다시 합의하자고 했더라면 어땠을까? 과정은 어설펐지만 결과적으로 유리구두를 허겁지겁 벗어던지고 오는 행운이 그녀에게 찾아왔고, 왕자는 인사도 없이 떠난 그녀가 그리워 결국은 그녀를 찾아냈다. 이후 왕자와 공주는 행복하게 살았다. 그러나… 과연 이렇게 시간 개념 없고 미래를 대비하지 못하는 신데렐라는 궁궐의 살림을 현명하게 이끌 수 있었을까?

자, 당신에게 어느 날 신데렐라처럼 마법사가 찾아왔다. 그동안 아이들 키우며 고생한 당신. 두 가지 중 하나를 골라라!

1. 오늘 당장 쓸 수 있는 1억 원의 상금
2. 10원을 매일 두 배씩 올려 오늘은 10원, 내일은 20원, 그 다음 날은 40원씩 한 달 후에 받을 수 있는 상금

당신은 어떤 선택을 하겠는가?

얼른 1억 원을 받아 그동안 사고 싶었던 버킷리스트의 물품들을 사면서 탕진하는 재미를 누리거나 주택담보대출을 갚아 버린다. 당장 통장에 1억이라는 돈이 들어오는 짜릿한 상상을 하며 한 치의 고민도 하지 않고 1번을 선택할 수 있다.

아니면 오늘의 10원이 30일 후에는 얼마가 되는지 계산한 후 결정을 하겠는가? '아무리 두 배씩 늘어나도 30일 후에 설마 1억 원이 넘겠어?' 생각할 수도 있다.

10원, 20원, 40원, 80원... 이렇게 30일이 지나면 마지막 날에 받는 돈은 얼마나 될까? 놀라지 마시라! 무려 53억 6,800만 원이 넘는다. 이게 바로 복리, 복리가 부린 마법이다. 다음에 나오는 표로 확인해 보자.

일요일	월요일	화요일	수요일	목요일	금요일	토요일
		1 10원	2 20원	3 40원	4 80원	5 160원
6 320원	7 640원	8 1,280원	9 2,560원	10 5,120원	11 10,240원	12 20,480원
13 40,960원	14 81,920원	15 16만 3,840원	16 32만 7,680원	17 65만 5,360원	18 131만 720원	19 262만 1,440원
20 524만 2,880원	21 1,048만 5,760원	22 2,097만 1,520원	23 4,194만 3,040원	24 8,388만 6,080원	25 1억 6,777만 2,160원	26 3억 3554만 4,320원
27 6억 7,108만 8,640원	28 13억 4,217만 7,280원	29 26억 8,435만 4,560원	30 53억 6,870만 9,120원			

(매일 10원을 두 배씩 올렸을 때 한 달 후 금액)

세계적인 투자가 워런 버핏은 자신의 성공에 대해 이렇게 말했다.

"나는 최고의 기회가 있는 미국에서 살았고,

좋은 유전자를 물려받아서 오래 살았고,

이자를 복리로 늘렸기 때문이다."

우린 미국에서 살고 있지 않으며 우리의 수명은 기대수명과 달리 개인 편차가 있다. 우리가 할 수 있는 건 바로 '복리'의 마법을 믿는 것이다. 주변을 둘러보고 복리 상품이 있다면 당장 가입해라!

당신이 '복리'에 대해 얼마나 알고 있는지 생각해 보자.

'1년 만기 적금'과 '3년 만기 적금'이 있다. 어떤 것이 당신의 돈을 불려 주기에 적당한 상품일까?

만약 오늘 내가 100만 원씩 3년(36개월) 적금에 가입한다고 가정해 보자.

첫 달 100만 원에는 36개월치 이자가, 두 번째 달 100만 원에는 35개월, 마지막 달에 불입한 100만 원에는 1개월치 이자가 붙는다. 우리가 넣는 3년 만기 적금은 보통 이렇게 건건 단리 방식을 취하고 있다.

그렇다면 어떻게 해야 할까?

적당한 복리 상품이 없다면 내가 연 복리 효과를 누릴 수 있는 투자를 하면 된다. 1년 만기 적금에 가입한 뒤 이 돈을 예금으로 돌리면 연 복리 효과를 볼 수 있다. 그리고 또 다른 1년 만기 적금에 가입한다. 이렇게 3년 동안 1년 만기 적금에 가입한 뒤 1년마다 수령한 금액을 예금으로 돌려 연 복리를 받고 또 적금을 드는 방식이 일반인이 할 수 있는 복리로 돈을 굴리는 방법이다.

워런 버핏은 100달러를 40년간 투자해 44조원으로 만들었다. 물론 그의 재산은 100달러에서 시작해 700억 달러를 넘겼고, 기부금액만 44조가 넘는다고 한다. 이것이 바로 복리의 힘이다. '모으는 기간은 최대로 1년씩 끊고, 굴리는 기간은 최대한 길게' 하는 것이 워런 버핏의 투자와 일맥상통한다.

1,000만 원을 연 10% 적금에 가입하여 3년간 불입했다고 가정해 보자.

단리를 선택한 반쪽이는 첫 해에 100만 원, 2년차에 100만 원, 3년차에 100만 원을 받아 300만 원의 이자를 챙겼다.

복리의 방식을 택한 금쪽이는 첫 해에 100만 원의 이자를, 2년차에 100만 원 이자에 10% 이자를 더한 110만 원, 3년차에 110만 원 이자에 10% 이자를 더한 121만 원을 받았다.

결국 3년 동안 반쪽이는 300만 원, 금쪽이는 331만 원을 챙겼다. 3년이라는 같은 기간 동안 반쪽이와 금쪽이의 재산은 31만 원의 차이가 생겼다.

이걸 10년 해 본다고 생각해 보자.

"난 통장에서 자동이체로 돈이 빠져나가니까 3년 동안 신경 안 쓰는 게 편해."

"난 1년씩 적금을 들고 찾아서 정기예금에 넣어 놓고, 또 적금을 들어. 그게 이자가 많거든."

1년 적금을 찾아 정기예금으로 묶어 놓고 다시 적금을 드는 작은 수고로움이 미래 자산의 차이를 만든다.

그런데 요즘은 복리 상품이 눈에 잘 띄지 않는다. 은행은 내 편이 아니기 때문에 우리에게 유리한 상품을 자꾸 줄여나가는 것 같다. 그렇다면 복리와 결이 비슷한 상품을 찾아보자.

필자가 찾은 건 '풍차 돌리기' 적금이다.

구분	A	B	C	D	E	F	G	H	I	J	K	L
1월	20만											
2월	20만	20만										
3월	20만	20만	20만									
4월	20만	20만	20만	20만								
5월	20만	20만	20만	20만	20만							
6월	20만	20만	20만	20만	20만	20만						
7월	20만	20만	20만	20만	20만	20만	20만					
8월	20만	20만	20만	20만	20만	20만	20만	20만				
9월	20만	20만	20만	20만	20만	20만	20만	20만	20만			
10월	20만	20만	20만	20만	20만	20만	20만	20만	20만	20만		
11월	20만	20만	20만	20만	20만	20만	20만	20만	20만	20만	20만	
12월	20만	20만	20만	20만	20만	20만	20만	20만	20만	20만	20만	20만

(풍차 돌리기 적금)

만약 1년 만기로 월 20만 원짜리 적금을 가입한다고 가정해 보자. 1월 20만 원짜리 적금에 돈을 넣었다. 이 적금을 A라고 하자. 2월에 또 다른 적금 B를 가입하고 그곳에도 20만 원을 넣는다. 3월에는 또 다른 적금 C를 가입하고 그곳에도 20만 원을 넣는다. 풍차가 도는 것처럼 매달 적금이 하나씩 늘어난다.

1월 적금이 20만 원이었다면 2월엔 A, B적금에 40만 원, 3월엔

A, B, C 적금에 60만 원이 들어간다. 일 년을 기준으로 했다면 12월에는 L적금을 가입해야 하고 뒤로 갈수록 적금의 액수가 커져 부담이 는다. 12월에는 240만 원의 적금을 내야 하기 때문이다.

내년 1월이 되면 A적금이 만기가 되고, 2월이 되면 B적금이 만기가 된다. 이렇게 L적금까지 만기가 되면 예치금은 240만 원이 된 A적금을 필두로 L적금까지 원금 2,880만 원과 이자 수익을 챙길 수 있다. 이미 1년 전 찾은 A적금은 정기예금으로 묶어 이자를 받고, B적금, C적금도 이자를 받을 수 있기 때문이다. L적금이 끝날 때까지 나머지 적금들은 이자를 받거나 투자해서 수익을 얻을 수 있다. 이렇게 풍차 돌리기 방식으로 납입을 계속하면 원금과 이자에 이자가 붙는 '복리' 효과를 누릴 수 있다. 그리고 위급 상황에서 돈이 필요할 때 적금을 한꺼번에 깨지 않고 이자 손해가 가장 덜한 것을 깨면 되니 효과적이다.

예를 들기 쉽게 20만 원으로 이야기했지만 5,000원이든 만 원이든 적은 돈으로 시작해 풍차 돌리기 1회가 끝나면 원금과 이자를 합하여 또 한 번 풍차를 돌리는 식으로 하면 복리 효과를 볼 수 있다.

복리 찬양론자 워런 버핏은 최고의 복리 상품으로 주식을 이야기한다. 그는 꽤 이른 나이인 11살에 주식을 시작했다. 하지만 그는 조금 더 빨리 투자를 시작하지 않은 것을 후회했다. 90살이 넘은 워런 버핏은 80년을 주식에 투자했다. 우리는 아쉽지만 이미 11살이 아니다. 하지만 우리에겐 워런 버핏보다 조금 더 빨리 투자 교육을 받을 수 있는 아이들이 있다.

지금 당장 주식에 투자한다고 가정해 보자.

지난 20년간 애플의 연평균 주식 수익은 22.06%였다.

주식 복리 계산기(92p 참고)에 숫자를 넣어 보면 매달 100달러를 30년 동안 애플 주식에 투자했을 때 원금은 3만 6,000달러, 실질 투자 수익은 3,792,432달러 약 47억이 된다.

워런 버핏이 더 어릴 적에 투자하지 않은 것을 왜 후회했는지 이해하겠는가?

연 20% 이익을 얻는 회사의 주식에 워런 버핏이 월 100달러씩 80년을 투자했다고 가정해 보자.

원금은 9만 6,000달러, 1억이 조금 넘는다. 그러나 80년 후는 46,729,544,148달러 약 57조 8,724억 3759만 7,811원이 된다.(2022.5월 말 기준) 입이 떡 벌어지는 숫자이다.

30년 투자와 80년 투자의 수익을 비교해 보면 복리와 시간의 관계를 확실히 알 수 있다.

복리는 정말 제대로 마법을 부리고 있다!

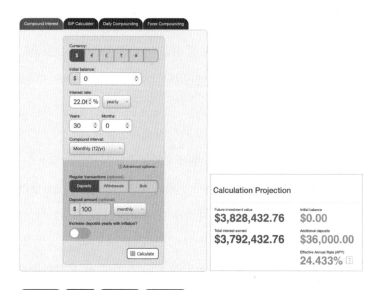

Calculation Projection

Future investment value
$3,828,432.76

Initial balance
$0.00

Total interest earned
$3,792,432.76

Additional deposits
$36,000.00

Effective Annual Rate (APY)
24.433% ?

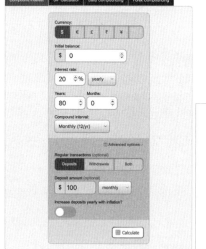

Calculation Projection

Future investment value
$46,729,640,148.40

Total interest earned
$46,729,544,148.40

Initial balance
$0.00

Additional deposits
$96,000.00

Effective Annual Rate (APY)
21.939% ?

(출처 : 주식 복리 계산기)

경제 개념 깨우는 실전 대화

소득에도 여러 가지가 있단다

아이 : 엄마! 산타 할아버지는 부자예요?

엄마 : 왜? 그런 질문을 하니?

아이 : 전 세계에 있는 모든 아이들에게 선물을 주려면 돈이 아주 많아 야 할 것 같아서요.

엄마 : 그렇겠구나.

아이 : 그럼 산타 할아버지는 크리스마스 때만 일하고 봄이나 여름에 는 뭐하실까요?

엄마 : 글쎄. 어쩌면 선물을 사기 위해서 열심히 일하시는 건 아닐까?

아이 : 일을 하면서 돈을 번다고요? 그럼 정말 열심히 오래 일하셔야겠 어요.

엄마 : 그러게 말이야. 착한 어린이들이 많아서 할아버지가 준비할 선 물이 많아지면 할아버지는 정말 열심히 일하셔야 할 거야. 그런 데 꼭 일을 해서만 돈을 버는 건 아니란다.

아이 : 일을 하지 않고도 돈을 벌 수 있어요?

엄마 : 그럼. 산타 할아버지가 사업을 해서 돈을 버실 수도 있고, 산타 할아버지의 아버지나 할아버지로부터 큰돈을 물려받으셨을지도 몰라.

아이 : 아, 돈을 버는 게 꼭 일을 하는 방법만 있는 건 아니네요.

산타 할아버지는 어떻게 전 세계 어린이들에게 선물을 사 줄 수 있을까? 도깨비 방망이처럼 뚝딱! 하면 나오는 요술 방망이가 있다면 모를까. 산타 할아버지가 봄, 여름, 가을을 열심히 일해서 선물 살 돈을 모은다고 생각해 보자. 돈이 있어야 어린이들을 위한 선물을 사고, 썰매를 정비하고, 루돌프의 먹이도 살 수 있을 테니 말이다. 회사에 취직해서 일하든, 농사를 지어 물건을 시장에 내다 팔든, 누군가의 고장 난 전기 제품을 수리해 주든, 건물에서 나오는 임대료를 받든, 부모에게서 재산을 증여받았든, 산타할아버지는 돈을 벌어야 하고 그것을 '소득'이라고 한다. 그런데 이런 '소득'에도 여러 종류가 있다.

근로소득

열심히 일한 노동력을 대가로 받는 소득이다. 회사를 다니거나 가게의 직원으로 일하는 등 흔히 우리가 아는 소득이다.

사업소득

가게를 차리거나 회사를 직접 운영하여 벌어들인 소득이다.

재산소득

자신이 가진 재산이 벌어다 주는 소득이다. 은행에 저축을 하거나 다른 사람에게 돈을 빌려주고 받는 이자소득, 집이나 땅을 빌려주고 받는 임대소득이 이에 속한다. 주식에 투자하여 받는 배당소득, 내가 자고 있을 때도 내 돈이 스스로 움직여 돈을 가져다 주는 것이 재산소득이다. 요즘은 조물주 위에 건물주가 있다고 할 만큼 재산소득을 꿈꾸는 사람들이 늘고 있다.

이전소득(대체소득)

노동이나 투자에 기여한 대가로 얻는 소득이 아니라 퇴직이나 질병, 사고나 노령 등으로 인해 경제 활동에 도움이 필요하다고 인정되는 경우 국가 등으로부터 받는 돈이다. 기초생계비, 아동수당 등이 이에 해당된다. 이외에도 코로나19로 모든 국민에게 지급한 긴급재난지원금과 생계에 위협을 받는 소상공인에게 지급하는 지원금이 이에 해당된다.

기타소득

위에서 언급한 소득 이외에 상금이나 복권당첨금 등 일시적으로 발생한 소득을 말한다. 기타소득에는 세금을 물리는 과세 대상과 세금을 내지 않는 비과세 대상이 있는데 저자가 받는 원고료나 인세는 과세 대상이고, 노벨상 상금은 비과세이다.

기본소득

이전소득과 비슷하다고 할 수 있지만 기본소득은 최소한의 인간다운 삶을 누릴 수 있도록 정부에서 조건 없이 모든 국민에게 지속적으로 돈을 주는 것을 말한다. 노동과 재산 여부와 상관없이 모든 국민에게 지급한다. 석유와 지하자원이 풍부한 미국의 알래스카에서는 1982년부터 일 년 이상 알래스카에 거주한 사람이라면 누구에게나 기본소득을 지급하고 있다.

산타 할아버지는 이렇게 여러 종류의 '소득'을 통해 선물을 사고 우리에게 선물을 주실 수 있다.

Part3

돈 잘 쓰는
아이로 키우기, 소비

영수증은 경제 교과서
: 소비 패턴 파악하기

"영수증 드릴까요?"

요즘 종이 영수증을 선호하지 않는 고객 탓에 종업원들은 결제 후 늘 이렇게 묻곤 한다. 그럼 손님은 영수증 잉크의 환경호르몬 때문인지, 처치 곤란한 쓰레기쯤으로 생각하는지 100에 99는 영수증을 받아 가지 않는다. 식당 카운터에는 영수증을 버리는 바구니가 따로 놓인 곳도 있으니 사람들이 얼마나 영수증에 신경 쓰지 않는지 알 수 있다. 필자도 어차피 카드 회사에서 결제와 동시에 문자가 날아오니 굳이 영수증을 받는 행위가 귀찮을 때도 있다. 그러나 영수증을 보면 세금이 보이고 투자의 맥이 잡힌다. 무슨 헛소리를 정성스럽게 하느냐고 타박할 독자들도 속는 셈 치고 필자와 함께 영수증을 공부해 보자. 영수증의 매력에 빠질 것이다.

소비 패턴 파악하기

내 소비 패턴을 파악하는 건 줄줄 새는 돈을 막고 꼭 필요한 지출만 할 수 있는 현명한 소비를 불러온다. 이 소비 패턴을 볼 수 있는 가장 좋은 지표가 영수증이다.

아래는 필자의 작년 12월 마트 이용 영수증이다. 필자는 식품 위주로 물품을 구입했고 채소, 유제품, 고기류를 골고루 자주 주문했다. 영수증 앞에 *가 붙은 건 면세제품인데 주로 농·축·수산품에 해당된다. 마트 주문 영수증을 보니 아이들을 위해 공산품과 농산품을 골고루 구매한 것을 확인할 수 있었다.

또한 소비 패턴을 통해 우리 가족의 건강과 식단까지 파악할 수 있다. 단백질이 부족한지, 탄수화물이나 무기질이 부족한지, 구입한 물품만 봐도 가족의 건강 상태를 미루어 짐작할 수 있다.

(출처: 홈플러스 앱)

어린이도 세금을 낸다

아래는 아이가 학용품을 사고 받은 영수증이다. 아이가 생산 활동을 통해 소득을 얻어 소비한 건 아니지만 아이는 세금을 냈다.

아이와 영수증을 보며 이야기를 나눠 보자. 우리 국민은 납세의 의무 즉, 세금을 내야 하는 의무가 있는데 월급이나 상속을 통해 직접세금을 내는 직접세도 있지만 물건 가격에 포함된 간접세금도 있다. 아이는 지금 물건을 소비하고 간접세를 당당히 지불했다. 이런 식으로 영수증을 통해 세금을 공부할 수 있다. 그래서 아이들에게 영수증은 확실한 경제 교과서이다.

문구점 영수증

호/SEQ NO.		주문번호/ORDER NO.								
ARD TYPE	비씨	카드번호/CARD NO								
XPIRY	**/**	거래종류/TRANS CLASS	신용승인							
RANS DATE	2022-05-11	할부/INSTALLMENT	일시불							
CRIPTION	모나미 3색볼펜 플립3 FLIP3 멀티펜 0.5 0.7mm 한다스									
RANS TYPE	일반	금액 AMOUNT W	억	백		2	천 4	7	7	원 3
자 상호/ ME		세금 TAXES W					2	4	7	7
STER		봉사료 TIPS W								0
특번호/ .		합계 TOTAL W				2	7	2	5	0
화번호/ PHONE NO.		승인번호 APPROVAL NO.	34127892							
업장주소/ ADDRESS										

내 지갑이 열린 곳은 어디인가?

MZ세대는 가심비 소비를 한다. 가심비란 가성비에 마음 심(心)을 합친 신조어다. 젊은 세대는 자신의 마음을 움직이는 물건을 산다. 비싸든 촌스럽든 그건 중요하지 않다. 재미있고 신기한 제품에 지갑을 열기도 하고, 어울리지 않는 물품을 조합한 신기한 물품에 열광한다. 예를 들어 밀가루 회사 '곰표'와 '맥주'를 콜라보한 곰표 맥주나 '곰표'와 '팝콘'을 콜라보한 곰표 팝콘 같은 것이다. 파맛 과자나 팥맛 과자, 라임향 컵라면 같은 제품도 인기다. 치킨 모자나 생선 가방 같은 우스꽝스러운 물건에 대한 소비도 유행처럼 한다.

필자의 초등학생 아들은 '로블록스'라는 게임을 좋아해서 유튜브도 관련 게임을 설명하는 걸 자주 본다. 엄마로서 '게임 그만해라' 잔소리를 하면서도 아이들의 지갑이 그 게임에 열린다는 건 간과했다. 로블록스 주식을 좀 더 빨리 사지 못한 걸 후회하는 중이다.

'허니버터칩'의 인기가 고공 행진을 하던 당시 품절 대란이 펼쳐지자 제주도에 사는 지인이 어렵게 구한 허니버터칩을 택배로 보내 주었다. 아이들은 무척 좋아했고 구할 수 없어 금값이 된 허니버터칩은 인기만큼 독특한 맛이었다. 비싸도 사 먹을만 하다고 생각하고는 해태 주식을 담지 못했다.

코로나로 집에 있는 시간이 많아지면서 집을 예쁘게 꾸미는 사람들이 늘었다. 가구도 들여놓고, 큰돈을 들여 리모델링도 했다. 코로나 시국에 인테리어 업종은 최대 호황기를 누렸다. 내 주머니에서 큰돈이 리모델링 비에 투자되고 가전과 가구를 사는데 들어갔다. 그러나 관련 주식에는 투자하지 않았다.

어느 대권 주자가 비급여였던 '탈모치료제'를 급여로 하겠다는 공약을 발표했다. 그 다음 날 탈모 관련 주식은 치솟았다.

내 주머니가 열리는 곳, 그걸 넘어서 많은 사람들이 관심을 갖는 것을 파악하면 투자의 맥을 짚을 수 있다. 내가 특별한 사람이라 '난 다른 사람이 싫어하는 것만 좋아해'라고 말한다면 어쩔 수 없겠지만 내가 자주 사고, 사고 싶어 하는 물건은 대부분 남들도 좋아하는 물건이다. 그럼 회사는 그 물건의 판매를 통해 많은 이익을 얻게 되고 회사 수익은 늘어난다. 그럼 회사의 주식은 오르고 주주들은 부자가 된다. 내 소비를 분석함으로써 투자를 공부할 수 있다.

세계의 영수증

참으로 글로벌한 세계다. 세계의 영수증을 구하고 싶어 지인들을 떠올려 보니 사우디에 사는 대학 친구, 호주 유치원 원장인 고등학교 친구, 독일 자동차 회사에 다니는 오빠, 프랑스 여행 중인 지인, 미국에서 공부 중인 제자, 캐나다에서 횟집을 운영하는 중국

미국 동부 버지니아 스타벅스   미국 서부 얼바인 스타벅스   사우디아라비아 스타벅스

인 친구가 생각났다. 그들에게 책에 넣을 영수증을 부탁했고, 따끈따끈한 영수증을 받을 수 있었다.

먼저 미국 동부와 서부, 중동의 부자 나라 사우디의 스타벅스 영수증에 붙은 세금을 살펴보았다. 미국 동부 버지니아에서는 6%, 서부 얼바인에서는 세금이 없었다. 사우디아라비아에서는 무려 15% 세금이 붙었다. 같은 회사인 스타벅스 음료에도 나라마다 세금이 다르게 매겨져 있다. 미국은 동부와 서부, 또 주별로 세금이 다르다고 한다.

유럽의 숙박 시설에 붙은 세금을 살펴보자.

벨기에 호텔에는 숙박료에 세금이 5.72% 붙고, 특이하게도 City Tax가 1.10% 또 붙었다. 폴란드 호텔에는 숙박료에 8% 세

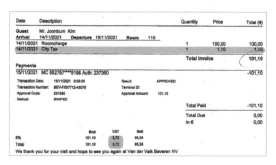

벨기에 호텔

폴란드 호텔

금이 붙는다.

필자는 20년 전 어학연수를 위해 캐나다에 방문한 적이 있다. 캐나다 벤쿠버공항에 내려서 빅토리아 섬으로 가는 페리호를 타야 하는데 티켓 창구에서 자꾸만 택시를 타야 한다고 했다. 당시 대학생이던 필자는 "난 택시를 탈 돈이 없다. 버스를 타야 한다"고 수차례 이야기했지만 의사소통이 원활하지 않았다. 나중에 알고 보니 그 직원은 페리호를 타러 갈 때 이용하는 버스비에 'Tax' 세금이 붙는다는 설명을 한 것이다.

우리나라에서는 물건을 사거나 대중교통을 이용할 때 세금에 대한 설명을 따로 들은 적이 없어서 택스가 택시로 들렸던 것이다. 나중에 사실을 알고는 얼굴이 빨개졌다. 경제를 글로만 배워서 나온 실수였다. 각 나라의 세금이 다르고, 물건이나 서비스에는 세금이 붙는다는 사실을 아이들에게 꼭 알려주면 좋겠다.

독일의 영수증도 살펴보자. 독일의 주유소에서 휘발유에 붙은 세금은 19%, 식당에서의 세금은 7%이다. 한 나라 안에서도 품목에 따라 세금이 다르게 붙는다. 이렇게 영수증을 보면 경제가 보이

독일주유소   독일식당

고 경제를 알면 투자의 맥이 짚인다.

아이들이 좋아하는 맥도날드의 햄버거 빅맥의 가격을 기준으로 전 세계 통화가치를 알아보는 '빅맥지수'. 1986년 영국의 경제주간지 《이코노미스트》가 고안한 이 지표는 '같은 물건은 어디서나 값이 같아야 한다'는 일물일가(一物一價)의 원칙을 전제로, 각국의 통화가치가 적정 수준인지 살펴보는 데 사용된다.

전 세계 스타벅스에서 판매되는 카페라떼의 가격을 비교하는 '스타벅스 지수', 애플의 아이팟 판매가를 기준으로 보는 '아이팟 지수' 등도 물가나 통화가치를 알아보는 지표가 된다. 이건 세계 여러 나라의 영수증만 봐도 나라의 화폐가치가 적정한가를 알 수 있다는 말이 된다.

평소 우리나라의 영수증을 모아 보면서 소비 패턴을 알아보고, 과소비를 조절하고, 투자의 맥을 짚어 보는 것을 넘어 여행 시에 세계의 영수증을 모아 글로벌 통화가치까지 공부하는 시간을 가져 보면 좋겠다.

슈퍼리치 만들기 프로젝트 05

1. 아이와 함께 장을 본 후 영수증을 챙긴다. 집에 와서 소비 패턴을 파악해 보자.

2. 해외여행 시 영수증을 모아 각 나라의 통화 단위와 가치를 이야기해 보자.

잘 쓰는 아이가 슈퍼리치가 된다

: 스마슈머Smasumer

돈을 잘 쓴다는 말은 '돈을 펑펑 잘 쓴다'와 '돈을 가치 있게 쓴다' 두 가지 의미를 함축하고 있다. 그럼 어떻게 돈을 쓰는 사람이 슈퍼리치가 될까?

우리는 흔히 로또만 당첨되면 인생이 달라질 거라 생각한다. 어떤 가수는 '쨍하고 해 뜰 날'이라는 노래로 서민들의 심금을 울리기도 했다. 우리 인생에는 분명 쨍하고 해 뜰 날이 올 것이다. 어쩌면 잊고 있던 조상의 땅을 찾게 되거나 좋은 사업 아이템으로 인생 대박을 맞거나 어느 날 하늘에서 떨어진 운석으로 인생이 한 방에 역전될 수도 있다.

2000년 초반에 200억 원의 로또 당첨금을 받은 사람은 돈을 잘 쓰는 법을 몰라 당첨금을 모두 날리고 씀씀이를 줄이지 못해 사기꾼이 되어 도피 생활까지 하는 지경에 이르렀다.

미국의 유명 가수 MC 해머는 집을 관리하는 사람만 200여 명에 이르는 대저택을 소유할 만큼 큰 부자였지만 1996년에 파산했다.

마이클 조던과 함께 NBA를 풍미했던 미국의 데니스 로드맨도 수백억 원의 재산이 있었으나 모두 탕진하고 파산했다.

지금은 고인이 된 마이클 잭슨도 변호사 비용으로만 3,300억 원을 썼으며 과소비를 즐긴 탓에 사후에 빚이 어마어마하게 남았더라는 추측성 소문도 있다.

자! 그럼 우리는 아이에게 어떻게 돈을 잘 써야 하는지를 가르쳐야 한다. 잘 벌고 나서 제대로 못 쓰면 그야말로 도루묵이 되기 때문이다.

요즘은 돈을 잘 쓰는 사람을 '스마트 컨슈머(Smart Consumer)'라 하고, 그걸 줄여 '스마슈머(Smasumer)'라고 부른다. 내 아이는 스마슈머가 되어야 한다. 과거에 황금 송아지가 있었던 건 중요하지 않다. 앞으로 내 아이가 황금 송아지를 키우면 된다. 자, 그럼 스마슈머의 부모가 되기 위해 공부해 보자!

스마슈머는 똑똑한 소비자이다. 호구와 고객을 합친 호갱이라는 말이 있다. 스마슈머는 '호갱'의 반대말이다. 내 아이를 스마트한 소비자로 만들 것인지 호갱으로 만들 것인지는 부모에게 달려있다.

부모가 매일 홈쇼핑을 보며 '매진 임박'이라는 말에 홀려 냉장고가 넘쳐 나게 물건을 사서 쌓아 놓는 다거나 불필요한 상품을 사들여 맥시멀 라이프를 살고 있다면 아이는 결코 스마트한 소비자가 될 수 없다. 즉, 부모가 바뀌어야 한다.

요즘처럼 정보가 넘쳐 나는 시대에 가격 비교는 필수이다. 가격이 저렴하다고 구매하면 그건 호갱이다. 스마슈머는 상품평도 꼼꼼히 검색한다. 싼 것만 사느냐? 그것도 아니다. 비싸도 안전하게 배송되거나 품질이 좋다면 산다. 화장품 같은 건 조금 비싸도 피부에 좋고 유기농 원료를 쓴 제품을 선호한다. 한겨울에 에어컨을 사고 한여름에 패딩을 산다. 다음 시즌의 유행보다는 계절이 지나가격이 반 이상 저렴해진 가성비 제품을 고른다.

비싼 레고 대신 저렴한 나노 블럭을 사거나 중국의 쇼핑앱에서가격은 10분의 1 수준이지만 레고와 비슷한 상품을 산다. 놀이 방법이나 즐기는 방법은 비슷하나 가격 차이가 큰 것은 대체제를 소비한다. 비싼 것보다 싼 물건을 사되 기대치를 조금 낮춘다. 이런사람을 '페이크 슈머(Fake Sumer)'라고 한다.

요즘 젊은이들은 결혼 비용을 아끼기 위해 셀프 웨딩 사진을 찍거나, 홈가드닝으로 식물을 키우며 인테리어 효과뿐 아니라 신선한 제품을 직접 재배하여 먹기도 한다. 이렇게 현명한 소비자가 많아지고 있다.

물건을 바로 사지 않고 VR을 통해 가상으로 입어 보고 스타일링 해 본다. 인테리어를 하기 전에 가상으로 가구 배치도 해 볼 수 있다.

회사는 이러한 스마슈머의 눈치를 보며 좋은 물건을 가성비 있게 만든다. 유통 업체에서 자체적으로 만든 PB(Private Brand) 상품은 저렴한 가격이었지만 그동안 소비자에게 인기를 끌지 못했다. 하지만 스마슈머의 등장으로 PB상품 시장은 활황을 맞고 있다. 조금 비싸도 대기업이 만들고 광고하는 제품을 선호하던 소비자들은 가성비와 품질을 겸비한 PB제품에 관심을 돌리고 있기 때문이다.

40살에 집을 11채 갖게 된 필자의 지인은 20대 초반부터 PB 제품을 선호했다. 옷은 스티브 잡스나 페이스북 창업자 마크 저커버그처럼 같은 옷만 입었다. 옷을 고르는 시간을 줄이고 일에 집중하기 위해서라고 말했다. PB 제품 성분이 대기업의 제품과 결코 다르지 않다고도 주장했다. 필자는 그때 '20대 초반 아이가 생각이 너무 많은 건 아닌가?' 하는 생각을 했다. PB 제품은 뭔가 대기업이 만드는 제품에 비해 퀄리티가 한참 떨어질 거라는 편견을 가졌기 때문이다. 그런데 20년 후 그 아이의 인생은 바뀌어 있었다. 같은 제품을 사도 장바구니에서 50%를 가성비 있게 소비한 아이는 다른 사람보다 먼저 성공 가도를 달리고 있다.

현금 없는 사회가 온다
: 핀테크Fintech의 세계

현금 없는 세상을 상상해 봤는가! 우리는 현금 없이 살 수 있을까?

청동검과 청동거울을 소유한 자가 지배자가 되던 시대가 있었다. 반짝이는 청동거울에 해가 비치면 하늘의 계시라고 여겼고 그를 숭배했다. 지금 생각해 보면 이해가 안 되는 이야기지만 시대마다 수요 공급에 의해 절대적으로 가치를 갖게 되는 것들은 변해왔다. 우리 아이가 살아가는 세상엔 정말 '돈'이 없어질 지도 모르겠다.

2014년 5월, 이스라엘은 세계 최초로 '현금 없는 국가 추진 위원회'를 발족했다. 2015년 9월, 프랑스는 1,000유로가 넘는 거래 시 현금 사용을 금지했다. 한국은행은 현금 없는 사회로 가는 중간 단계로 '동전 없는 사회 시범 사업'을 추진하고 있다. 이렇게 세계가 현금 없는 사회로의 변화를 꿈꾸고 있다.

왜 그럴까? 10원짜리 동전을 만드는 데 20원이 든다. 동전 발행 비용만 한 해 600억 원이 든다. 정말 비효율적이다. 전 세계적으로 현금 없는 사회를 구현할 경우 세계 국내 총생산(GDP)의 1.5%에 해당하는 비용이 절감된다고 한다. 이미 2020년 전 세계 비현금 지급 수단의 거래금액이 782조 달러에 달했다. 북유럽 국가들은 2030년이면 완벽하게 현금 없는 사회를 만들 거라고 선포했다.

현금의 종말이 가까워지고 있다.
조만간 은행이 필요 없어지게 된다.
우리에게 필요한 건 은행 서비스지 은행이 아니다.
- 빌 게이츠 -

다음 세대에 태어나는 아이들은 돈이 무엇인지 모르게 될 것이다.
- 애플의 최고 경영자 팀 쿡 -

이미 월급은 통장에 숫자만을 남기고 스쳐 지나가고 지갑엔 카드만 꽂혀 있으며, 물건 구입은 전자상거래를 주로 이용한다. 이렇게 우리가 원하든 원하지 않든 이미 현금 없는 시대를 살고 있다.

물물교환에서 화폐, 제3의 화폐로 불린 신용카드로, 휴대전화의 QR코드나 NFC결제로, '돈'의 개념이 비대면으로 점차 바뀌고 있다. 이제는 핀테크의 시대다. 우리가 잘 아는 삼성페이, 카카오페이, 토스, 네이버페이 등 간편 결제 시스템이 이에 해당된다. 카드 여러 장을 휴대전화에 저장해 놓고 지문이나 홍채로 인식해 결제할 수 있는 시스템. 미래에는 더 신박한 지불 결제 수단이 나올지 모르겠지만 IT와 금융기술이 합쳐진 핀테크는 확실히 인간의 수고로움을 덜어 주는 결제 시스템이다.

핀테크 Fintech = 금융 Finace + 기술 Technology

IT 기업들은 금융 관련 기술력을 기초로 편의성과 간편성, 보안성을 활용해 새로운 형태의 금융서비스를 제공한다.

핀테크의 장점

간편성 : 시간, 장소의 구애를 받지 않는다.
보안성 : 홍채 인식, 지문 인식 등 보안정책을 수립하고 있다.
접근성 : 은행 방문 없이 스마트폰만 있으면 누구든 결제할 수 있다.
경제성 : 송금 수수료를 절감할 수 있다.

물론 핀테크가 결제 시스템만을 말하는 건 아니다. 은행은 예적금을 다루고, 그 예적금을 돈이 필요한 사람에게 대출해 주면서 예대마진(대출금리에서 예금금리를 뺀 나머지 부분)으로 수익을 본다.

그러나 핀테크의 한 축인 P2P 거래는 은행을 매개체로 두지 않고 개인과 개인의 거래를 직접 이어 준다. 은행이 끼지 않기 때문에 대출이 필요한 사람은 저렴한 이율로 대출을 받고 투자자는 좀 더 높은 이자 수익을 얻을 수 있다. 은행 대신 기술력을 가진 회사들이 투자자와 대출자를 중개해 주는 역할을 한다.

그러나 이러한 핀테크는 '보완'이라는 치명적인 문제점을 가지고 있다. 필자의 지인은 아직 스마트폰에 전자 결제와 관련된 어떤 앱도 깔지 않았고, 심지어 은행 어플 조차 설치하지 않았다. 해킹 피해가 무서워서다. 핀테크 시대의 우리들은 안전한 금융생활을 할 수 있도록 개인 정보 관리에 심혈을 기울여야 한다.

또한 핀테크 시대의 소비자로서 결제가 시간과 장소에 구애받지 않고 간편해지면서 과소비를 유발할 수 있음을 주의해야 한다. 비밀번호 6자리 숫자나 지문, 홍채 인식으로 간단히 결제되니 자신이 돈을 소비한다는 걸 망각하는 경우도 생긴다.

우리가 허기진 상태에서 마트에서 장을 보면 평상시보다 카트에 물건을 더 많이 담게 된다. 밤새 쓴 연애 편지는 아침에 이불킥할 만큼 부끄러움을 느끼게 한다. 집 앞에 택배가 쌓이거나 택배가 도착할 거라는 문자가 오면 어떤 물건을 주문한 건지 아리송할 때가 있다. 밤늦은 시간에 허기지면 야식을 주문하고, 정신이 맑지 않은 상태에서 앱 쇼핑을 하면 광고만 믿고 결제한다. 너무 쉬

워진 결제 방식으로 계획 없이 물건을 주문하는 불상사가 발생하고 만다.

아이들과 새로운 결제 수단인 '핀테크'에 대해 공부하면서 꼭! 계획 없는 소비와 과소비에 대해 이야기를 나눠 보자!

'개처럼 벌어 정승처럼 써라!'는 속담이 있다. 돈을 벌 수 있는 수단이 있다면 열심히 벌어 정승처럼 여유롭고 호기롭게 쓰라는 뜻이리라. 어떤 목표를 가지고 돈을 열심히 벌었다면 쓸 때도 목표와 목적이 분명해야 한다. 잘 쓰지 못하면 잘 버는 건 의미가 없다.

재벌 3세나 로또 당첨자, 한때 잘 나가던 연예인들이 돈을 잘 쓰지 못해 하루아침에 쪽박을 차는 경우를 보지 않았는가!

내 아이에게는 꼭 돈을 잘 쓰는 법을 가르쳐야 한다.

슈퍼리치 만들기 프로젝트 06

1. 부모가 현재 사용하고 있는 '핀테크'가 있다면 어떤 장단점이 있는지 아이와 이야기를 나눠 보자.

2. 이번 달 계획 없는 소비와 과소비는 무엇이 있었는지 적어 보자.

유행을 쫓고 싶은 아이들
: 밴드왜건 효과 Band wagon effect

"망설임은 배송을 늦출 뿐"

"마감 임박"

이런 말에 가슴이 뛰어봤다거나 서둘러 전화번호를 눌러 물건을 사야 하는데 마감 시간이 다가와 가슴 졸였다면 당신은 심리 싸움에서 철저하게 패배한 소비자이다.

사실 필자 역시 그랬다. 채널을 돌리다가 쇼호스트의 친절하고 다급한 설명에 초집중하며 저 물건을 사지 않으면 내일 큰일이 벌어질 것 같은 착각에 뭐에 홀린 듯 물건을 주문했다.

아이를 키울 땐 맘카페에서 얻은 정보들로 시기마다 국민 장난감을 안 사면 나쁜 엄마가 되는 건 아닌지, 내 아이의 발육이 뒤처지는 건 아닌지 싶어 물건을 사들였다. '국민 바운서', '국민 체육

관', '국민 걸음마 보조기'. 얼마나 마케팅을 잘했는지 '국민'이라는 말에 대한민국 국민이라면 응당 소비해야 할 것 같은 마음이 들어 스스로 당위성을 부여했다. '국민 엄마'의 무리에서 소외되고 싶지 않은 소비 심리였을 것이다.

필자는 아이가 엄마와 눈높이를 맞춰야 정서 지능이 발달한다는 합리화를 하며 200만 원이 넘는 유모차계의 샤넬, 스토케를 사고 싶어 안달이 났었다. 내가 VIP가 되는 게 문제가 아니라 아무것도 모르고 누워 있는 내 아이가 VIB(매우 소중한 아이)가 되길 소망했다. 아니 내가 그 유모차를 끌고 다니면 내 경제 상황과 소득 수준과는 상관없이 '부자 엄마'가 되는 느낌을 받았다. 문화센터 앞에는 비슷한 류의 유모차가 '부자 엄마' 친구들을 만들어 줬고, 엄마들은 앞다투어 과시 소비를 했다.

그러곤 당시 등골 브레이커로 유명했던 노스페이스 점퍼를 입은 중고생들을 보며 끌끌 혀를 찼다. 지금 생각하면 그들은 비행기로 10시간 이상을 날아가야 닿을 수 있는 나라의 유모차를 사면서 자기들을 비웃는 아줌마가 우스워 보였을지도 모르겠다.

내가 그렇게 허세가 있던 사람이었나? 생각해 보면 꼭 그렇지는 않았던 것 같은데 왠지 그 '부자 엄마' 무리 속에서 뒤처지고 싶지 않았고, 내가 잘 살고 있음을 증명받고 싶었다.

아! 그 돈으로 아이에게 주식을 사줬더라면… 후회가 되지만 지금이라도 깨달았으니 늦지 않았다.

원래 밴드왜건은 퍼레이드 맨 앞에서 사람들의 관심을 모으는 악단을 뜻하는 말이었다. 밴드왜건 효과는 사물놀이에서 꽹과리를 치는 상쇠처럼 사람들의 이목을 집중시키고 모여들게 만드는 효과를 말한다.

경제학에서 밴드왜건 효과는 유행하는 정보에 상품을 구입하고, 남을 의식하여 구매 의사가 생기는 현상이며 타인과의 관계에서 소외되지 않으려는 심리에서 비롯된 소비 형태를 말한다. 이건 어쩌면 10년 전 나를 타깃으로 삼아 만든 경제 용어가 아닌가 싶다. 부끄러움이 밀려온다.

굳이 인간관계를 갑과 을로 나눈다면 돈을 가진 놈이 갑이다. 그 돈이 얼마이든 내 의지로 주머니를 여는 것이니 충분히 갑의 위치에서 천천히 소비해도 된다. 따져 볼 시간은 충분하다. 돈만 있다면 언제든 물건을 구입할 수 있다. 더군다나 시간이 지날수록 더 좋은 물건은 생산된다. 인간은 늘 완벽한 판단에 서툴기에 오늘의 정답이 내일은 오답인가 고개를 갸우뚱할 수도 있다.

내 아이가 소비를 하는 데 있어 결코 '소외'받지 않으려는 심리에서 유행이라는 마차에 올라타게 하지는 말자. 돈을 가진 자가 급할 필요는 없다.

아이가 문구점에서 어떤 물건을 살지 고민하는 시간을 채근하는 부모는 되지 말자. 아이는 신중히 자신이 가진 돈을 어디에 써야 합리적인지 판단하고 있을 테니 말이다. 어떤 아이가 어떤 신발을 신고, 어떤 옷을 입었다고, 어떤 책을 읽는다고, 다급히 그것을 사들이진 말자. 아이가 스스로 선택할 수 있도록 아이와 관련된 모든 소비를 의논해 보는 건 어떨까?

문화센터에서 값비싼 유모차를 밀며 만났던 엄마들을 떠올려 본다. 10여년이 지난 지금 그녀와 그녀의 아이는 어떻게 살고 있는가! 그 아이가 커서 그때 자기를 그 유모차에 눕혀 줘서 고맙다고 부모를 공경할 것인가? 그때 그 옷을 사 주어 정말 좋았다고 말할 것인가?

내가 정말 부자라면 내 아이에게 좋은 옷을 사 주든 황금마차를 사 주든 그건 자기 마음이다. 하지만 세계의 부자 '워런 버핏'도 1958년에 구입한 집에서 60년 이상을 살고 있다. 당신이 '워런 버핏'보다 부자인가?

자, 그럼 잘 생각해 보자! 내 아이가 유행을 쫓는 훗날 내 등골을 파먹는 등골 브레이커로 자라게 할지, 소득을 신중하게 소비하는 현명한 소비자가 되게 할지 말이다.

금쪽 같은 내 아이를 위해서라면?
: 돈의 '정신' 가르치기

우리 속담에 '부자는 3대를 못간다'는 말이 있다. 요즘 말로 '현타'가 온다. 내가 피땀 흘려 일궈 낸 재산이 내 손자대에서는 끊기게 된다니 이게 무슨 말인가?

우리나라 재벌들 중에도 '재벌 3세'가 문제 되는 경우가 있고, 미국 윌리엄 그룹에서 상속 유산을 보유한 1,000 가구를 관찰한 결과 70%가 상속에 실패한 것으로 밝혀졌다.

왜인가!

1세대는 열심히 번다. 2세대는 새벽, 밤 가리지 않고 일하는 부모를 보고 자랐으며 부모의 교육열로 충분한 교육을 받아 현명하고 성실하게 재산을 지켰다. 하지만 3세대는 부자인 부모가 땀 흘리는 걸 보지 못했다. 원래 재산이란 금고에 쌓여 있는 금덩이쯤. 그런 금덩이 하나 없어져도 큰 문제 없다고 여기며 자랐다. 어쩌면 2세대 부모가 1세대 부모에게서 받은 '돈'에 대한 트라우마를 3세대 자녀에게는 지우고 싶지 않아서 애써 '절약'이라는 걸 가르치지 않았을지도 모르겠다. 그래서 결론은 좋은 유모차를 타고, 좋은 옷을 입고 자라, 유명 테이크아웃 커피 전문점 커피를 마시고, 수퍼카를 타며 젊음을 플렉스하다 나이와 반비례로 줄어드는 곳간을 지켜봐야 했을지도 모른다.

우리는 벌어 놓은 '재산'을 지키는 걸 가르쳐야 한다.

'재산'을 '돈'만 연결지어 가르친다면 '재산'을 '물건'으로 한정 지어 교육하는 것이다. 사회적, 인적 재산도 고려해야 하고 '재산'에는 '현명한 소비자 정신'도 포함한다는 걸 가르쳐야 한다.

'워런 버핏'의 아버지는 부자였지만 아들에게는 개인 소장품 몇 개만을 남겼고 물적 재산을 남기지 않았다. 또한 자신의 재산을 사회에 기부한다고 유언했다. 버핏은 주주들에게 "자녀들이 무엇이든 할 수 있도록 내버려 두되, 아무것도 할 수 없을 정도로 남겨 두지는 말라"는 서한까지 보냈다고 한다.

'빌 게이츠'는 자식들에게 각 1,000만 달러(한화 약 120억)의 유산만을 남기겠다고 했다. 그가 보유한 174조(2021년 현재)의 재산은 사회에 기부한다.

자, 그럼 워런 버핏도 아니고 빌 게이츠도 아닌 우리는 어떻게 해야 할까? '재산'을 지키는 교육, 현명하게 소비하는 교육을 당장 시작해야 한다. 돈의 '정신'을 가르쳐야 한다는 말이다.

[소비 전 단계]

1. 왜 소비해야 하는가?

2. 지금 내게 꼭 필요한가?

3. 대체품은 없는가?

4. 어떤 돈으로 구입할 것인가?

5. 좀 더 저렴하게 파는 곳이 있는가?

[소비 단계]

1. 내게 꼭 필요한 물건인가?

2. 잘 사용할 물건인가?

3. 비싼 쓰레기를 만드는 건 아닌가?

4. 필요에 의한 것인가? 유행에 의한 소비인가?

[소비 후 단계]

1. 물건을 뜯기 전 다시 생각해 보기. 반품할 것인가?

2. 알뜰하게 사용하고 있는가?

3. 필요 없어질 때 중고로 팔 수 있는가?

앞에서 언급한 것처럼 아이들이 문구점에서 물건을 고를 때 충분한 시간을 줘야 한다.

물건을 사러 가기 전에는 필요한 물건의 체크리스트를 만들어야 한다. 혹시 실생활 용품이 아닌 기호품을 산다면 3~4일은 충분히 생각해야 한다. 이것이 꼭 필요한가? 그래도 사야 한다면 가성비를 따져야 한다. 좀 더 저렴한 곳을 찾고 비슷한 물건의 대체품을 찾는다. 또 할인 받을 수 있는 방법을 검색해 보고 소비한다. 소비 후에는 알뜰하게 사용하고 중고품으로 팔 수 있는 곳이 있는지도 따져 봐야 한다.

이 무슨 찌질하고 없어 보이는 짓인가?

이런 걸 아이에게 가르쳐야 한다는 말인가?

당신이 세계의 부자 서열 5위 안에 링크되어 있지 않다면 '찌질함'이라는 평계는 어울리지 않는다. 나와 내 아이, 그리고 내 후대가 망하지 않고 경제적 자유를 누리고 살기 위해서는 돈을 잘 쓰는 '정신'을 꼭 가르쳐야 한다는 말이다.

소비를 부추기는
악마의 속삭임

신데렐라에서 마법사 아주머니는 '살라카둘라 메치카불라'라는 알 수 없는 주문으로 호박을 마차로 만들었다. 쥐를 마부로 변신시켰고, 재투성이 신데렐라를 사교계의 깜짝 스타로 만들었다. 우리에게도 저런 마법봉이 있다면 얼마나 좋을까? 저 마법봉은 3가지 소원만 들어준다는 램프의 요정 '지니'보다 훨씬 쓸모 있는 가성비 템으로 보인다.

　그런데 밤 12시가 되면 호박 마차와 마부, 신데렐라의 옷까지 원래대로 돌아온다. 12시는 동화의 판타지를 끝마치는 시간이다. 그러나 유일하게 남아 있는 건 신데렐라가 벗어 놓고 간 유리구두다. 왜 다른 건 다 바뀌었는데 유리구두만은 바뀌지 않았을까? 심지어 세상 제일 발이 아플 것 같은 유리로 만든 구두다. 그 구두가 누구의 손에 들어갔는가? 바로 왕자의 손에 닿았다. 그리고 유리구두만이 12시의 판타지 속에서 신데렐라를 왕비로 신분 상승시켜 줄 동아줄이 되었다.

아쉽게도 신데렐라는 철저하게 판타지다. 우리에게는 마법봉을 몇 번 흔들어 호박을 마차로 바꾸어 줄 사람도 없고, 유리구두를 들고 애타게 찾아다닐 왕자도 없다. 각자도생(各自圖生)! 각자 살길을 도모할 현실이 존재할 뿐이다.

생각해 보자! 신데렐라가 판타지라면 어느 가난한 소녀가 허름한 집에서 청소를 하다 깜박 잠이 들어 꾼 꿈은 아니었을까?

혹은 가난에 찌든 누군가의 희망 일기는 아니었을까?

굴러다니는 썩은 호박과 지긋지긋하게 찍찍거리는 쥐들. 그게 현실이고 애초에 신데렐라 같은 판타지는 지긋지긋한 상황에서 벗어나려는 어느 소시민의 신기루 같은 건 아니었는지 모르겠다.

마트에서 장을 보는데 1+1 제품이 있다.

분명 하나만 필요한데 가격을 계산해 보니 1개는 3,000원, 1+1은 5,500원이다. 1+1 제품을 구매하고 오늘 나는 500원을 아꼈다고 스스로를 칭찬한다.

당신은 500원을 아낀 것인가, 2,500원을 손해 본 것인가?

평상시에는 자주 사지 않던 물건인데 할인 가격표가 붙어 있다.

6,980원이라는 숫자에 빨간 줄이 그어져 있고, 할인된 가격인 5,980원이 써 있다. 그 물건을 집어 들고는 1,000을 아꼈다고 생각한다.

당신은 1,000원을 아꼈는가? 5,980원을 손해 봤는가?

5,000원과 4,900원짜리 물건이 있다. 당신은 어떤 물건을 집을 것인가? 4,900원은 5,000원과 100원 차이지만 왼쪽자리 5와 4의 간극은 1,000원이다. 4,900원이라는 악마가 속삭인다.

"제발 나를 선택해 주세요."

9,900원, 49,900원. 숫자 9는 마케터들에게는 마법의 숫자다. 반대로 소비자인 우리에게는 악마의 속삭임이다.

사람들은 본능적으로 문자를 왼쪽에서 오른쪽으로 인식한다고 한다. 마치 착시 현상처럼 왼쪽에 있는 수가 작으면 물건 값이 싸다고 느낀다.

2009년 미국의 소비심리학자인 케네스 매닝(Kenneth Manning)과 데이비드 스프로트(David Sprott)가 한 가지 재미있는 실험을 했다. 실험 대상자를 A, B 두 그룹으로 나누고 2달러와 4달러가 각각 적힌 두 개의 펜을 보여 줬다. 잠시 후 A그룹에게는 2달러 가격표는 그대로 두고 다른 펜을 1센트 할인해서 3.99달러 가격에 판다고 제시했다. B그룹에게는 4달러 가격표는 그대로 두고 처음 2달러였던 다른 펜의 가격을 1.99달러로 제시했다.

A그룹				
펜1	펜2		펜1	펜2
$2.00	$4.00	→	$2.00	$3.99

B그룹				
펜1	펜2		펜1	펜2
$2.00	$4.00	→	$1.99	$4.00

그 결과는 어떻게 됐을까?

A그룹은 44%가 비싼 펜을 선택한 반면, B그룹은 18%만이 비싼 펜을 선택했다. 이러한 효과를 '왼쪽 자릿수 효과(Left digit effect)'라고 한다.

A그룹은 $4.00가 $3.99로 바뀔 때 실제 가격은 1센트 줄어든 것이지만 4와 3의 차이에서 1달러가 줄어들었다고 생각한다.

그럼 B그룹은 어떨까? B그룹의 82%는 1.99달러 펜을 선택했다. 4와 1의 왼쪽 자리수를 비교했을 때 차이가 크니 3달러 이상 물건이 싸졌다고 생각하기 때문이다. 실제 가격표를 보면 두 그룹에서 바뀐 가격 차이는 단 1센트다.

이렇듯 우리가 물건을 구입할 때 얼마나 착각을 하는지를 보여 주는 실험이다. 얼마나 얕은 상술이며 무슨 조삼모사란 말인가? 그런데 단순한 상술에 속는 나는 또 누구란 말인가? 내 아이만은 이러한 상술에서 지켜 내야 한다. 신데렐라의 유리구두라는 판타지에 속아 꿈만 꾸게 할 수는 없다.

장사꾼들이 왼쪽 자리수 효과를 노린다면 그걸 막을 수 있는 카드 하나쯤은 아이들에게 쥐어 주어야 한다.

바로 333 법칙이다!
1. 구입 전 꼭 필요한 것인지 3번 생각한다.
2. 물건을 집기 전 3초간 생각한다.
3. 계산하기 전 꼭 필요한지 3번 더 생각한다.

돈에는 '정신'이 있고, 그 정신은 상술에 놀아나서는 안 된다.

물건은 '필요'해서 구매해야 하고, '소비'는 늘 신중해야 한다.

뛰는 놈 위엔 언제나 나는 놈이 있다.

우리가 상술을 상술로 뛰어넘어 보면 어떨까? 요즘 아이들이 '혜자스럽다'라는 말을 하는 걸 보고 놀란 적이 있다. 내가 아는 그 김혜자 배우님? 맞다. 그 김혜자 님의 혜자이다.

'혜자스럽다'는 김혜자 님이 광고했던 편의점의 질 높은 도시락과 그녀의 평상시 호감 이미지가 결합되어 만들어진 신조어다. 우리가 사는 물건 중에는 분명 혜자스러운 것이 있다. 그것에 현혹되어 물건을 사면 안 되지만 그것을 역으로 이용해 보면 어떨까?

최근에 100원 단위를 적립해 주는 신용카드를 발견하고 유레카를 외쳤던 적이 있다. 신한카드에서 나온 더모아 카드다. 이 카드는 5,990원을 쓰면 990원을 투자금으로 적립해 준다. 심지어 할부로 거래하면 1,000원 미만 금액의 포인트를 더블로 적립해 주었다. 13,900원을 적립했다면 900원이 적립되는 것이 아니라 1,800원이 포인트로 적립되는 식이다. 모인 돈을 미국의 달러 예금 계좌에 넣어 준다. 심지어 환전 수수료도 없다. 참으로 혜자스럽다. 똑똑한 소비자들은 왼쪽 자리수에 현혹되지 않고 왼쪽 자리수를 이용해 999원대로 최대치를 적립할 수 있는 물건을 구입하기도 한다. 하지만 카드 회사가 어떤 곳인가 이런 혜자스러운 카드는 단종되어 고객들의 불만을 사고 있다.

필자는 아이들 학원비를 결제할 때 농협의 아이플러스 카드를 이용한다. 이 카드는 학원비에서 매달 만 원을 할인해 준다. 심지어 아이가 두 명 이상이면 다둥이 카드로 인정해 줘서 공항이나 공영주차장에서 주차요금 50%를 할인해 준다. 또 지금은 단종된 국민 지혜담은 카드를 이용해 다른 학원비 2만 원을 할인받는다.
그리고 또 다른 학원은 지역화폐를 충전한 카드로 결제한다. 그럼 10% 학원비를 절약할 수 있다. 물론 해외여행을 위해 마일리지를 적립하는 카드도 쓰고 휴대전화 이용요금을 월 2만 원씩 할인받을 수 있는 카드도 쓴다. 관리비와 가스비도 월 5,000원씩 할인받을 수 있는 카드도 있다. 대신 이런 카드들은 월 얼마 이상의 실적을 채워야 하고, 필자는 그 실적만큼 채워지면 확인 후 다른 카드의 실적을 채운다. 그래야 내 소비가 남김없이 할인으로 돌아오기 때문이다. 이렇게 해서 매달 10만 원 정도의 할인을 챙긴다.

아이들에게 부모는 경제 교과서다. 절대 계획 없는 소비를 하거나 왼쪽 자리수라는 악마의 꾐에 넘어가면 안 된다. 내 아이가 그걸 보고 배운다.

어차피 소비를 해야 한다면 333의 법칙을 생각하며 따지고 또 따져야 한다. 꼭 해야 하는 지출이라면 내게 실리가 오는 방법으로 소비해야 한다.

자! 지금까지의 이야기에 '인생이 피곤해지겠군'이라고 체념하지 말고, '내가 아이의 경제 교과서이자 경제 스승이니 모범을 보여야겠군'이라고 생각을 전환해 보면 어떨까?

경제 개념 깨우는 실전 대화

수학 만점 받으면 현질하게 해 달라는 아이

아이 : 엄마! 나 현질하게 해 주세요.

엄마 : 뭐? 현질?

아이 : 네… 현질이요. 친구들은 다 현질해서 저보다 멋진 아이템이 많단 말이에요.

엄마 : 게임을 시켜 주는 것도 엄마로서는 큰 인심 쓴 거야. 거기에 돈까지 들여서 아이템까지 사달라고? 그럴 시간에 공부를 하는 게 어때?

아이 : 엄마! 그럼 수학 백점 받으면 현질하게 해 줘요.

엄마 : 뭐? 안 돼! 공부는 널 위해 하는 거지 엄마를 위해 하는 거니?

아이 : 나도 공부하느라 노력하니까 수학 백점 받으면 엄마도 선물로 현질하게 해 줘요.

엄마 : 절대 안 돼!

아이 : 아빠~!

아빠 : 아니! 그거 얼마 한다고! 그래 시험만 잘 봐. 아빠가 금쪽이가 원

하는 현질 시켜 줄게!

아이 : 신난다.

엄마 : 역시 우리 집의 악당은 당신이야. 아니 수학 백점이랑 현질을 교
환하는 게 말이 돼?

아빠 : 아이도 보상이 필요하다잖아.

엄마 : 그럼 다음에 또 다음에 계속 우리한테 성적으로 협상할 텐데 그
때는 어떻게 할 거야?

아빠 : 설마 그러기야 하겠어?

🫘 현질이란?

게임상의 아이템이나 재화 등 유료 아이템을 현금으로 사는 것을 말한다.
'현금+지르다'를 줄인 말이지만 현금에 접미사 '-질'을 붙여서 도둑
질, 가위질처럼 '어떤 일을 낮잡아 이를 때' 쓰는 표현이다. 단어 자체
에서 느껴지는 부정적인 감정은 우리에게 현금과 -질. 둘 다 부정의
의미를 가지고 있기 때문인 것 같다.

요즘 아이들이 좋아하는 로블록스 등의 게임에는 수많은 아이템이 필
요하다. 시간과 노력을 오래 들여야 겨우 따낼 수 있는 무기나 도구들
을 단돈 1,000원이면 살 수 있게 만들어 놓아 아이들을 '현질'의 세계로
끌어들인다.

"1,000원이면 막대사탕 2~3개 가격인데 이것도 못 사 줘요." 하는 아이의 볼멘소리를 들으면 부모는 마음이 흔들리고, '그래 커피 한두 잔 가격인데 뭐 어때?'라는 생각으로 기프트 카드를 사 주거나 신용카드 결제로 '현질'을 허락한다.

'도박' 역시 처음부터 '도박'이라 생각하고 빠져드는 사람은 없다. 어른도 처음엔 '도박' 판에서 소위 말하는 '꾼'들에게 돈을 딴다. 꾼들에게 돈을 따면 욕심이 생기고, 결국 '패가망신(敗家亡身)' 당하지 않는가?

아이들에게도 '현질'의 유혹은 매우 달콤하다. 1,000원이면 게임 세상에서 집도 사고, 정원도 사고, 적을 물리칠 근사한 무기도 살 수 있다. 그러나 세상엔 '뛰는 놈 위에 나는 놈' 특히 '나는 놈'이 참 많다. '나는 놈'을 물리치기 위해서는 더 많은 돈을 쏟아부어야 하고, '현질'의 규모는 점점 커진다.

아이들이 어릴 때 마트 장난감 코너 앞에서 대자로 누워 땡깡을 피우거나 부모의 바짓가랑이를 붙들고 "한 번만 딱 한 번만"을 외치며 장난감 사수 궐기 대회를 했던 걸 기억해 보길 바란다.
한번 늘어난 떼는, 한번 먹힌 떼는 갈수록 커지고 갈수록 진화한다.

이제 아이는 컸다. 부모에게 '딜을 걸기 시작한다'.

"수학 만점 받으면 현질하게 해 줘요."

"중간고사 잘 보면 현질해 줘요."

성적이 먼저인 부모는 그저 '공부 잘하는 아이는 삐뚤어지지 않을 거야'라거나 '공부를 잘하는데 내가 그 정도 돈도 못 쓸까?' 자기 합리화를 하며 아이의 딜을 수용한다.

문제는 이후다. 아이들은 사이버 공간에서 자신의 캐릭터가 진화하고 힘이 쎄지면 그 자리에서 내려올 수 없고, 더 크고 멋진 캐릭터를 만들거나 유지시키고 싶어 한다. 그럼 더 큰 규모의 현질이 필요해진다. 일정 금액 이상이 넘어가 부모가 '현질'을 못 하게 하면 어느 날 부모의 신용카드가 외국에서 결제되었다는 문자가 아닌 밤중에 날아올 수도 있다. 또한 아이는 한번 먹힌 성적과 현질을 맞바꾸는 협상 카드를 또 들고 나올 수 있다. 언제까지 아이의 '딜'에 부모가 끌려다녀야 할까?

Part4

돈 잘 모으는
아이로 키우기,
저축과 투자

저축과 투자에 관한 이야기를 시작하기에 앞서 아시아 최대 부자인 '이가성'에 대해 말해 보고자 한다.

홍콩에서 1달러를 쓰면 5센트는 '이가성'이라는 사람에게 간다는 말이 있다. 이가성은 중국 출신의 홍콩 기업인으로 '아시아 최고의 슈퍼맨, 아시아의 워런 버핏'이라고 불리는 인물이다. 이가성 회장은 타임지, 포브스, 파이낸셜 타임즈 등으로부터 아시아 최고의 기업인으로 소개되기도 했다.

이가성 회장은 청렴하기도 세계 제일이라 자신의 운전기사에게 기름값을 아끼라 호통을 치고 점심 식사는 가장 저렴한 샌드위치로 해결했다고 한다. 그래서 운전기사는 수시로 바뀌었는데 '샤오밍'이란 한 남자는 그와 30년을 함께했다. 샤오밍이 퇴직하게 되자 이가성은 3억이라는 퇴직금을 그에게 주며 그동안의 수고에 감사를 표했다. 그런데 샤오밍은 거액의 퇴직금을 마다하며 이렇게 말했다.

"회장님을 모시면서 회장님이 누군가와 전화 통화로 땅에 대해 말씀하시면 그 땅을 알아보고 조금씩 사 모았고, 주식을 말씀하시면 그 주식을 사 모았습니다. 그래서 저는 현재 30억 자산가가 되었습니다."

성공한 사람과 가까이하며 그에게 얻은 정보를 스스로 필터링

했고, 100만 원의 월급으로 이가성 회장을 따라 투자해서 30억을 일구었다. 성공한 사람을 멘토로 삼고 곁에 있어야 하는 이유를 알 수 있는 대목이다.

우리가 삼성전자 이재용 회장을 친구로 둘 수 없고, 세계적 부호인 워런 버핏과 저녁 식사를 할 수는 없다. 대신 우리에겐 책이 있다. 내 아이가 '샤오밍'처럼 '열린 귀'를 가질 수 있도록, 또한 좋은 정보를 필터링하는 '현명한 귀'를 가진 어른으로 성장할 수 있도록 부모가 도와야 한다.

내 아이의 파이프라인을
설계하자!

매해 가뭄의 고통을 받는 마을이 있다. 그 마을에 양동이 가득 물을 실어 팔면 만 원씩을 받을 수 있다. 10번 실어다 주면 10만 원을 벌 수 있다. 흔한 물을 가져오는 건데 돈을 벌 수 있다니 백번이라도 할 수 있을 것 같다. 하지만 우리에겐 체력과 시간의 한계가 있고, 100번의 물질을 해야 겨우 100만 원을 버니 한 달 생계를 위해서는 최소 200번 이상의 물을 실어 날라야 한다.

그럼 이건 어떤가? 초기 비용이 좀 들지만 물이 흔한 우리 집부터 가뭄이 심한 마을까지 파이프라인을 심는 방법. 마을 사람들은 길어다 주는 물을 기다릴 필요 없이 밸브만 돌리면 물을 얻을 수 있고, 나 또한 물을 가져다주는 수고로움 없이도 물값을 받을 수 있으니 얼마나 합리적인 방법인가? 심지어 내가 자는 동안 가뭄

마을 사람들이 물을 쓴다면 그 기록도 카운트되어 내 통장에 돈이 들어온다.

전자의 이야기는 육체와 시간을 사용하여 벌어들이는 적극적 수입(Active Income)의 예이고, 후자는 시간과 노력을 들이지 않아도 저절로 얻게 되는 소극적 수입(Passive Income)의 예이다.

당신과 당신의 가족은 어떤 수익을 얻고 싶은가? 적극적 수입인가, 소극적 수입인가? 저 두 개가 황금 비율로 공존한다면 참 좋겠다는 생각을 한다.

자, 지금부터 당신 가족의 파이프라인을 설계해 보자.

'교토삼굴(狡兔三窟)'이라는 말이 있다. 영리한 토끼는 재난을 대비해 세 개의 굴을 파 놓는다는 뜻이다. 사마천의《사기(史記)》에 나오는 말이다. 유비무환(有備無患)의 뜻으로 쓰이기도 하지만 필자는 교토삼굴이야말로 자본주의 시대에 사는 우리가 꼭 명심해야 할 명언이라고 생각한다.

우리는 영리한 토끼가 되어야 한다. 노동 수익으로 얻는 월급 외에 최소 두 곳 이상의 굴을 파야 한다. 그걸 '파이프라인'이라고 생각하면 쉽다.

언제든지 물을 틀면 돈이 나올 수 있는 구멍 세 곳.

지금 아이와 함께 우리 가족이 구축할 수 있는 파이프라인을 세 곳 이상 적어 보자.

이 파이프라인을 잘 설계할 수 있도록 필자는 앞서 리셀테크, 재능 플랫폼 등을 설명했다. 파이프라인은 앞서 소개한 신 소득원일 수도 있고, 투자 수익 또는 필자처럼 책을 써서 버는 인세일 수도 있다. 잘만 파면 우리 가족이 만들어 놓은 파이프라인 한 곳에서 유전처럼 돈이 뿜어져 나올 수도 있다.

토끼가 파 놓는다는 안전한 굴 세 곳. 우리가 토끼보다 못할 것 없으니 지금 바로 찾아보면 어떨까?

슈퍼리치 만들기 프로젝트 07

1. 우리 가족이 수익을 벌어들일 수 있는 파이프라인은 어떤 것이 있을까 고민해 보자.

우리 가족의 파이프 라인 만들기	• 저축이나 투자?
	• 재능 수익?
	• 신 소득원?
	• 기타

용돈으로 시작하는
경제 교육

"현명한 부모가 제대로 인도해 주지 않는 재산 상속은 저주에 가깝다."

─ 데이비드 록펠러 3세 ─

미국의 석유왕 록펠러 가문은 인류 역사상 최고의 부자다. 가문이 소유한 재산이 미국 경제의 1.53%를 차지할 정도로 수많은 부자들 중 거의 유일하게 3대가 그 재산을 지키며 부자로 살고 있다.

이 부자 가문의 '부'의 비밀은 무엇일까?

그것은 철저한 그들의 '용돈 교육'이었다. 록펠러 3세 다섯 명의 형제자매는 매주 토요일이면 아버지 록펠러 2세에게 용돈기입장 검사를 받았다. 그들이 받은 첫 용돈은 고작 30센트(우리 돈 약 360원)였음에도 불구하고 말이다. 매주 얼마나 성실하게 용돈을 관리했느냐에 따라 용돈은 늘었다. 또한 더 많은 용돈을 받고자 한다면 집안일을 도와야 했다.

'돈은 공짜로 얻을 수 있는 게 아니다. 돈은 노력을 통해 벌어야 하는 것'을 확실하게 가르치기 위해서였다.

우리는 록펠러의 자녀가 될 수는 없다. 하지만 그들이 자녀를 키우면서 우리에게 보여 준 돈을 버는 법과 돈을 지키는 법은 벤치마킹할 수 있다.

이제! 실제로 내 아이와 '돈 공부'를 해 보자. '용돈 교육'은 평생 내 아이가 돈을 어떻게 대하는 사람으로 살아갈 지를 결정짓게 한다. 돈에 대한 올바른 가치관을 갖고 돈을 어떻게 하면 규모 있게 써야 하는지 아이에게 돈의 주인이 되어 돈을 '책임'지게 하는 교육을 시작해 보자.

1. 용돈의 패러다임을 정립해라.

1) 용돈은 누구의 돈인가! 용돈의 주체는 누구인가?

부모 손을 떠난 용돈은 분명 아이 돈이다. 아이가 용돈을 흥청망청 쓰든, 구두쇠처럼 아끼든 부모가 용돈에 대한 교육을 충분히 했다면 용돈의 쓰임은 오롯이 아이의 것이어야 한다.

그렇다면 '돈'이 무엇인지도 모르는 어린 나이보다는 초등학교 입학 즈음에 용돈 교육을 본격적으로 시작하는 걸 추천한다. 아이에게 용돈은 금액이 정해져 있고, 규칙적이며 스스로 재량권을 갖는 돈임을 인식시켜야 한다.

"우리 아이는 돈을 잘 몰라요. 그래서 용돈 교육을 시작할 수 없어요."

반대로 생각해 보자. 아이가 돈을 모르니까 가르쳐야 한다. 아이가 스스로 관리해야 할 돈이 생기면 본격적으로 '돈'을 배우게 된다.

2. 계약서를 작성하라!

1) 부모와 처음 맺는 계약! 용돈 계약서

우리는 어떤 일을 진행하기 전 약속의 의미로 계약서를 작성한다. 계약서는 서로에 대한 믿음의 의미를 넘어 결정된 사안에 대해 번복할 수 없음을 확인하는 과정이다. 따라서 한 번 설정한 계약 내용은 쉽게 바꾸어서는 안 되며 계약 불이행이나 파기는 서로에게 패널티가 부과되어야 한다. 하물며 부모와 아이가 처음 맺는 계약이다. 부모는 용돈에 대한 계약을 아이와 맺기 전에 신중하게 생각하고 결정해야 한다.

아이에게 "이제부터 용돈을 줄 테니 얼마 받고 싶어?", "얼마면 될까?" 이렇게 구두로 합의하고 아이의 첫 돈 공부이자 첫 계약을 시작할 것인가?

① 용돈 계약 전! 아이의 소비 패턴을 파악하자.

한 달 정도 아이가 쓰는 돈을 직접 용돈기입장에 기록하게 한다. 부모도 가계부에서 아이에게 쓰이는 돈을 따로 떼어 기록한다. 아이와 관련된 지출 부분은 학원비, 간식비, 의류비 등으로 구체적으로 적는다. 이후 가족이 모여 아이에게 한 달 동안 지출된 소비 내역을 정산한다.

아이가 스스로를 위해 쓴 돈		부모가 아이를 위해 쓴 돈		
-간식비	3,000원	-키즈 카페 비용	25,000원	△
-친구 생일 선물	5,000원	-학원비	500,000원	×
-머리핀 구입	5,000원	-의류비	100,000원	△
-학용품 구입	4,000원	-학용품 구입	20,000원	○
		-간식비	100,000원	△
		-책상 구입비	500,000원	×
	17,000원		1,245,000원	

아이는 한 달에 스스로를 위해 17,000원을 사용했고 부모는 124만 5,000원을 사용했다. 부모가 사용한 금액 중 아이와 공동으로 지출이 가능한 부분은 △, 아이가 용돈으로 지출할 수 없는 부분은 X, 아이가 용돈으로 지출해야 하는 부분은 ○를 한다.

왜 이렇게 해야 할까?

그건 바로 적당한 용돈의 액수를 정하기 위해서이다. 무작정 부모가 용돈을 제시하기보다는 아이의 소비 성향과 가정의 소비 패턴을 분석해서 적정 금액을 정해야 하기 때문이다.

예를 들어 맞벌이 부모가 아이의 간식을 챙겨 주기 힘든 경우,

아이가 혼자 학원 근처의 편의점이나 분식점에서 간식을 사 먹어야 한다면 용돈에서 충당하기엔 용돈의 규모가 너무 커져 버린다. 요즘처럼 학용품을 학교에서 많이 지원해 주는 경우는 학용품 비용을 조금 줄여도 좋을 것 같다.

② 용돈에 대한 확실한 규칙을 세우자!

용돈은 매일 줄 것인가? 한 달에 한 번 줄 것인가?

용돈의 주기와 지급 날짜를 정해 보자!

필자는 처음 한 달간은 일주일에 한 번 용돈을 주어 아이가 용돈을 관리할 수 있는 책임과 범위를 점점 넓혀 주는 것이 좋다고 생각한다. 매일 용돈을 주는 건 아이가 돈의 규모에 맞는 소비를 계획할 수 없게 한다. 한 달에 한 번 용돈을 주는 건 시간관념이 어른과 다른 아이에게는 너무 긴 시간이다.

처음 한 달은 수습 기간이다. 회사에도 인턴 기간이 있듯 아이에게도 적응을 위한 수습 기간이 필요하다. 아이도 처음, 부모도 처음인 용돈 교육이니 처음 계약은 가계약 형식으로 맺는다. 계약서에 포함되어야 할 내용은 용돈 액수, 기간, 지급 날짜이다.

한 달 운용 후 보충할 것들이 생기면 서로 의논하여 본 계약을 맺는다. 이때 가장 중요한 점은 기본 규칙을 확실히 정하는 것이다. 본 계약을 맺을 때 계약이 일정 시간이 지나면 자동 갱신되는지, 3~4개월에 한 번은 계약서를 수정할 수 있는지도 합의해야 한다.

다음 용돈을 받기 전에 용돈을 다 써 버렸을 때 또는 꼭 필요한 물건이 있는데 이번 달 용돈이 부족할 때는 어떻게 할지를 미리 규칙으로 정해 둔다. 단, 아이가 용돈을 다 써 버렸을 때, 마음이 약해진 부모가 다음 달 것을 미리 당겨서 쓸 수 있는 가불 제도를 가르쳐 준다든지, 돈을 꿔 줄 수 있다는 단서를 달면 안 된다. 우리 는 용돈을 통해 '돈'에 대한 올바른 가치관을 함께 심어 주어야 하 기 때문이다.

자신이 규모 있는 용돈 관리를 못했기 때문에 생길 수 있는 '결 핍'은 어려우면 어려운 대로 견뎌 내야 함을 가르쳐야 한다.

아이가 너무 안쓰럽거나 정말 피치 못할 사정이 있을 때는 부모 가 은행 역할을 할 수 있다는 항목은 수습 기간 이후 본 계약에 넣 어도 좋다. 부모라는 은행에서 부족한 돈을 잠시 빌릴 수는 있다. 그러나 우리는 이미 규칙이 정해진 계약서를 작성했기 때문에 빌 린 돈에는 이자를 붙여 갚아야 한다. 대신 이번 달에 은행에서 빌 린 대출을 다음 달에 바로 갚게 하기보다는 2개월, 5개월 정도로 시간을 여유 있게 주는 것도 필요하다. 그래야 아이가 채무를 갚 는 것을 '포기'하지 않을 수 있기 때문이다.

이런 규칙들을 숙지했다면 본 계약서를 작성해 보자!

계약서는 2부를 준비하여 아이와 부모가 사인하거나 지장을 찍어 보관한다. 아이에겐 생애 처음 계약이기 때문에 과정의 중요성도 간과해서는 안 된다.

2) 아이와 맺는 고용계약서

세계적 부자 록펠러 가문은 부자가 되는 첫걸음을 용돈 교육이라 했다. 우리나라에도 '지혜로운 며느리'라는 이야기가 전해져 내려온다.

옛날 삼형제를 둔 아버지가 며느리에게 쌀 열 톨을 주며 훗날을 기약했다. 세 며느리 중 큰며느리는 시아버지가 준 쌀 열 톨을 가지고 새를 잡아 달걀과 바꾸고, 달걀을 부화시켜 암평아리를 얻었다. 암평아리가 암탉이 되자 알을 낳아 다시 병아리를 얻었고, 병아리를 키워 닭을 내다 팔아서 돼지를 샀다. 돼지는 새끼를 낳았고 이를 팔아 소를 사고, 소를 키워 송아지를 얻었다. 송아지를 키워 소가 되자 팔아서 주변의 논을 사들였다. 이에 큰 감동을 받은 시아버지는 큰며느리에게 모든 재산을 주며 이웃을 돌보며 살라고 말했다.

지금으로 치면 큰며느리는 투자의 달인이고 시아버지는 이웃을 돌보라며 재산을 나누어 주었으니 부자의 사회적 책임을 알고 있는 사람이었다.

옛 이야기니 쌀 열 톨이지 이게 말이 되겠냐 하겠지만 이 이야기를 곰곰이 생각해 보면 쌀 열 톨은 넉넉하지 않은 용돈에 빗대어 볼 수 있다. 약간은 부족한 돈으로 생활해야 할 때 우리 아이는 어떤 지혜를 발휘할까?

물론 쌀 열 톨만큼 용돈을 너무 야박하게 주는 건 경제 교육을 한다면서 아이를 시험하는 것밖에 되지 않지만 그 의미를 생각해 보자는 것이다.

용돈은 풍족하지 않게 주어야 한다. 돈은 소중한 것이고 아이가 받은 용돈은 부모의 땀과 노력의 대가임을 알아야 한다. 아이는 부족한 용돈을 채우기 위해 스스로 궁리하면서 한정된 용돈에서 합리적 소비를 하게 되고, 부족한 용돈에 대해 부모와 의논하게 된다.

이때 '돈'은 노력하면 얻을 수 있음을 알게 하기 위해 돈을 벌 수 있는 기회를 주면 어떨까!

세계적 부자인 록펠러도 귀한 자식에게 다락방에서 쥐를 잡거나 정원에서 잡초를 뽑는 일을 시키고 용돈을 줬다고 하지 않는가! 돈을 벌려면 스스로 집안일을 하면서 노력해야 함을 깨우치게 해 보자.

① 집안일과 노동에 대한 고용계약서를 아이와 작성해 보자!
(1) 금전적 보상의 원칙을 명확히 세운다.

ex) 설거지 500원, 신발 정리 100원

(2) 용돈을 주기 위해 일부러 일을 만들지는 않는다.

(3) 아이가 당연히 해야 하는 일에 보상하지 않는다.

ex) 숙제하기, 양치질하기, 자기 방 치우기, 인사하기

(4) 가족으로서 당연히 해야 하는 일에는 보상하지 않는다.

ex) 다 먹은 그릇 싱크대로 옮기기, 효도하기

(5) 보수는 꾸준히 재협상이 가능하다.

아이는 노동을 통해 스스로 용돈을 벌면서 돈의 소중함을 알고, 소비에 대한 경각심도 키우게 된다. 다음에 나오는 용돈계약서의 빈칸을 채워서 실천해 보자!

3. 합리적 용돈 운영의 법칙!

아이가 갖게 된 돈은 모두 같은 종류의 돈일까?

어른도 살다 보면 월급 이외의 보너스나 불로소득이 생길 때가 있다. 나의 부모가 수십 년 동안 남의 집의 대소사를 챙기며 냈던 축의금이 내 결혼식에 고스란히 들어온다. 그럼 그 돈은 내 돈인가? 내 부모의 돈인가?

세뱃돈이나 오랜만에 만난 친척들에게 받는 돈은 부모가 주는 용돈과는 돈의 성격이 다르다. 그래서 돈은 성격에 따라 관리도 달라져야 한다.

○○○의 용돈계약서

1. 이 계약서는 행복한 ○○○ 집의 용돈계약서이다.

2. 용돈을 받는 기간은 (매일, 1주일, 2주일, 한 달)로 정한다.

3. 금액은 (원)이다.

4. 처음 용돈을 받는 날은 (   )이다.

5. 용돈은 (매일, 1주일, 2주일, 한 달) 후에 지급한다.

6. 용돈의 40%(   )는 저축, 10%(   )는 기부를 약속한다.

   ① 저축의 목적은 목돈을 만들기 위함이다.

   ② 저축으로 차후에 필요한 물건을 살 수 있다.

      (단, 물건을 살 때는 부모와 의논해야 한다.)

   ③ 10% 기부금은 언제든 원하는 곳에 기부할 수 있으나 부모와 상의해야
      한다.

7. 용돈이 부족할 시 고용계약서의 내용을 따른다.

8. 학습에 필요한 물품 구입은 부모와 상의한 후 부모가 지출할 수 있다.

9. 세뱃돈 등 증여에 해당하는 돈은 따로 관리하여 모아 둔다.

10. 용돈에 대한 계약은 언제든 상의하여 재계약할 수 있다.

11. 용돈기록장은 한 달에 한 번 검사를 받는다.

                    년   월   일

용돈 관리에 대한 책임은 계약자에게 있으며 성실하게 관리하겠습니다.

                                    자녀 계약자 :   (인)

자녀가 용돈 관리를 잘할 수 있도록 돕겠습니다.

                                    부모 계약자 :   (인)

1) 세뱃돈의 운영

세뱃돈은 아이에겐 그야말로 불로소득이다. 증여세를 내지 않는 합법적 증여일 수도 있다. 아이에게 주어지는 세뱃돈은 부모에게 받는 용돈과 운영 방식이 달라야 한다.

"물고기를 주지 말고 물고기 낚는 법을 가르쳐라."
너무나 유명한 유대인의 경제 교육법이다.

전 세계를 움직이는 '부'의 상징 유대인은 여자는 12세, 남자는 13세에 '브나이 미츠바'라는 성년식을 치른다. 이들의 성년식은 유대인의 일생에서 결혼식만큼 중요한 날이다. 성년식에 참석하는 사람들은 1인당 200달러 정도의 축하금을 용돈으로 주고 조부모나 친척은 유산을 물려주기도 한다. 이 돈은 부모의 간섭 없이 오로지 성년식 주인공의 몫이다. 성년식의 주인공은 이 돈을 소비로 사용하는 것이 아니라 채권, 펀드, 보험 등의 금융 상품에 가입하여 사회생활을 시작할 때 '종잣돈'으로 사용한다. 7년 동안 여러 금융 상품에 투자된 돈은 아이가 20살이 되었을 때 2-4억 정도의 시드머니가 된다.

참 부러운 유대인 풍습이다. 그러나 낙담하고 부러워만 하지 말자. 우리에게는 더욱 아름다운 풍습인 '세뱃돈' 문화가 있다. 우리나라의 세뱃돈은 13세가 아니라 아이가 태어나자마자 혹은 명절에 참석하여 세배 행위 비슷한 것이라도 하면 시작된다. 유대인보다 무려 13년이나 앞서서 시드머니를 모을 수 있는 기회이다.

세뱃돈은 내 아이의 시드머니,
어린이 펀드로 수익률을 극대화하자!

아이가 크면 세뱃돈으로 본인이 사고 싶거나 하고 싶은 일이 생긴다. 아이가 '돈의 가치'를 모르는 최초의 세뱃돈부터 부모는 이를 아이 이름으로 만든 통장에 넣어야 한다. 만약 시기를 놓쳐 내 아이가 세뱃돈을 받아 쓸 곳을 궁리하는 나이가 됐다면 아이와 함께 세뱃돈이 얼마나 큰 종잣돈이 될 수 있는지 이야기를 나누어야 한다.

지금은 초저금리 시대이다. 금리가 3%일 때 원금이 두 배가 되는데 걸리는 시간은 24년, 요즘처럼 금리가 1%인 시대에는 72년이 걸린다. 가장 안전하게 아이의 종잣돈을 관리하려면 적립식 예금이나 자유적립식 적금을 추천하지만 장기 투자로 조금 더 큰 수익을 내려면 적립식 주식형 어린이 펀드 가입을 추천한다.

2021년 기준 국내 어린이 펀드 22개의 평균 수익률은 63.27%였다. 같은 기간 코스피 수익률(60.57%)은 물론 국내 액티브 주식형 펀드 평균 수익률(61.68%)보다 높았다.

1999년에 출시된 어린이 펀드는 자녀의 대학 등록금, 결혼 자금 등 목돈을 만들 수 있도록 설계되었다. 22개 주요 어린이 펀드(2021년 기준)를 살펴보면 '한국밸류10년투자어린이증권투자신탁 1(A클래스)'이 연초 이후 가장 우수한 성적을 냈다. 이외에도 'KB사과나무증권자투자신탁 1(주식) C5 클래스'(14.68%)와 IBK자산운용 'IBK어린이인덱스증권자투자신탁[주식]종류A'(11.46%), 우리자산운용 '우리자녀사랑고배당증권투자신탁 1(주식)ClassC-F'(9.96%), 하나UBS자산운용 '하나UBS꿈나무증권자투자신탁[주식])ClassA'(9.64%), 키움투자자산운용 '키움주니어적립식증권자투자신탁 1[주식] C1'(9.41%) 등도 9% 넘는 수익률을 기록했다.

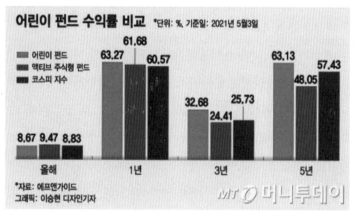

(출처: 에프앤가이드, 기준일: 2021년 5월)

2) 현명한 용돈 운영의 원칙

① 제1원칙 : 용돈 지출 계획 세우기

우리는 용돈을 잘 쓴다고 하면 용돈기입장을 쓰면서 결과를 올바르게 결산하는 걸 먼저 떠올리지만 용돈 교육의 제1원칙은 단연코 지출 계획 세우기가 되어야 한다.

아이가 주 단위나 월 단위로 용돈을 받을 때 그 기간 동안 '필요한 돈'을 미리 가늠해 봐야 돈을 바라보는 안목이 생긴다. 주나 월에 내게 필요한 돈은 얼마인가? 이번 용돈 기간에 '지출'이 이루어질 상황은 언제일까? 친구의 생일 또는 학용품 구입이나 이미 계획된 친구와의 약속 등을 미리 체크해서 대략적인 '지출' 계획을 세워라.

② 제2원칙 : 용돈을 3등분 하라!

우리의 재산은 안전한 곳에 투자되어야 하고, 재산은 멈추어 있지 않고 수익을 불러와야 하며 일정 부분은 필요할 때 빨리 찾아 쓸 수 있는 환금성이 있어야 한다.

> **재테크의 3원칙!**
> **안정성, 수익성, 환금성**

재테크 법칙처럼 용돈을 운용함에 있어 3등분은 매우 중요하다.

제 1원칙에서 지출 계획을 세웠다면 3개의 상자를 만들어라.

나를 위해 50%	미래를 위해 40%	모두를 위해 10%

배분은 각 가정의 사정과 환경에 따라 바뀔 수 있으나 기본적인 프레임은 이와 같이 한다. 먼저 나를 위한 용돈은 내가 쓸 지출, 미래를 위한 부분은 저축과 투자, 모두를 위한 부분은 기부이다.

③ 제 3원칙 : 용돈기입장을 써라!

먼저 숲을 본 후 나무를 보자!

세상 모든 일을 시작하기에 앞서 아이가 숲을 먼저 볼 수 있는 거시적 안목을 기르게 하자. 어른들도 가계부를 쓰다 중도에 흐지부지되거나 굳이 왜 가계부를 써야 하는지 본질에 회의를 느낄 때가 있다. 아이들은 말해 뭐하겠는가? 얼마나 귀찮고 쓰기 싫을지 불 보듯 뻔하다. 그렇기에 아이가 거시적으로 숲을 먼저 볼 수 있도록 시작 전에 부자 목표를 먼저 세우게 한다.

나는 어떻게 용돈을 쓸 것인가?

나는 얼마를 저축하고 얼마를 지출할 것인가?

용돈 관리를 통해 나는 어떤 사람이 되고 싶은가?

나는 10년간 얼마를 모을 수 있을까?

미래의 부자! (   )의 용돈기입장

(   )월(   )일 ~ (   )월(   )일

나의 목표	나는 어떤 사람이 되고 싶은가?				
예상 저축(원)		예상 지출(원)			
10년 후 내 저축액		10년 동안 내 지출액			

날짜	내용	수입	지출	잔액	현명한 선택 (O/X)
/					
/					
/					
/					
/					
/					
/					
/					
/					
/					
/					
/					
/					
남은 돈					
잘한 점					
고쳐야 할 점					

대략적으로 부자에 한 걸음 다가가는 목표치를 세운 후 세부적인 내용을 기입하게 한다. 그리고 용돈 관리에 잘한 점과 고쳐야 할 점은 무엇인지 스스로 피드백할 수 있는 기회를 주어야 한다.

④ 아이가 용돈 관리를 부실하게 한다면?

어른도 통장이 텅장(텅텅 빈 통장)이 되는 건 한순간인데 초보자인 아이는 용돈 관리를 얼마나 잘할 수 있을까? 아이가 용돈 관리에 실패를 겪고 있다면 그냥 두고 봐서는 안 된다. 아이가 스스로 하는 돈 관리에 '열패감'을 느낄 수 있기 때문이다.

아이가 올바른 용돈 관리를 하지 못한다면 부모는 어떻게 해야 할까? 부모는 방법을 바꿔 아이 스스로 용돈 관리 부실에 책임을 지고 조절할 힘을 키우게 해야 한다.

일단 용돈을 일시에 지불하지 않고 적립식으로 나누어 준다.

1. 한 달 용돈을 주 단위로 나눈다.
2. 그 주에 아이가 지출하고 남은 돈의 50%는 적립되고 다음 주에 추가로 지급한다. 추가로 지급되는 보너스 개념의 돈이 아이에게 절약의 원동력이 된다.

예를 들어 한 달 용돈이 4만 원이라고 하자.

나를 위해 50%	미래를 위해 40%	모두를 위해 10%
20,000원	16,000원	4,000원

50%인 2만 원은 현재의 나를 위한 상자에, 40%인 1만 6,000원은 미래를 위한 상자에, 10%인 4,000원은 모두를 위한 상자에 넣는 원칙은 절대적으로 지켜야 한다.

한 달을 4주로 나눈다면 이번 주 나를 위한 지출은 5,000원이다. 이 돈을 다 썼다면 추가로 받을 수 있는 돈은 없다.

하지만 이번 주에 2,000원을 쓰고 3,000원을 남겼다면 다음 주에 3,000원의 50%인 1,500원을 추가로 적립받는다. 내가 지출을 줄이고 남긴 돈이 많으면 많을수록 추가로 받을 수 있는 돈은 많아진다.

두 번째 주 용돈

= 이번 주 용돈 5,000원 + 첫 주에 아낀 돈 3,000원 + 추가 지급받은 돈 1,500원 =9,500원

이번 주에 용돈을 5,000원 아꼈다면 다음 주의 적립금은 2,500원이 된다.

세 번째 주 용돈

= 용돈 5,000원 + 지난 주 아낀 용돈 5,000원 + 추가 지급받은
돈 2,500원 = 12,500원

아이가 이런 식으로 지출을 최대한 줄인다면 적립된 용돈은 어마어마하게 커질지도 모른다.

적립식 용돈에서 가장 중요한 점 중의 하나는 추가 지급된 돈을 미래를 위한 저축이 아닌 보너스 통에 넣는 것이다. 보너스 통에 저축된 돈은 현재의 나, 미래의 나 또는 모두를 위해 적립할 수 있고, 그건 아이의 소득이기 때문에 아이의 결정에 따라 지출할 수 있다는 원칙을 정한다.

아이가 용돈 관리에 자신감이 붙으면 한 달 용돈을 주고, 운용을 잘했다면 남은 돈의 50%를 보너스로 주는 방법도 아이의 사기 진작에 도움을 준다. 회사원들이 성과급을 받는 것처럼 아이도 용돈 운용을 잘했다면 보너스 개념의 용돈을 받을 수 있다. 이것은 용돈을 더 잘 운용하는 원동력이 된다. 또, 용돈 운용은 각 가정의 환경과 상황에 따라 충분한 대화를 통해 계속적으로 수정·보완할 수 있다.

시드머니는
나의 총알, 저축

씨앗이 있어야 꽃을 피울 수 있다.

묘목이 있어야 나무가 된다.

시드머니는 씨앗이 되는 돈. 우리 말로는 종잣돈을 말한다.

재산을 증식하려면 최초의 투자금인 시드머니가 필요하다. 필자가 10여 년 전 주식을 시작할 때 첫 시드머니는 50만 원이었다. 이후 운이 좋게도 100% 수익을 맛봤다.

'와! 주식 시장은 돈 놓고 돈 먹는 곳이구나!'

치킨 값 정도 벌려고 시작했는데 50만 원이라니 매우 짜릿했다. 그러나 기쁨은 잠시였다.

'내가 50만 원이 아니라 500만 원을 투자했다면 어땠을까? 천

만 원이 되었을 텐데, 적금에 넣어 둔 5,000만 원을 모두 투자했다면 1억이 되었을 텐데….'

꼬리에 꼬리를 무는 아쉬움이 생겼다.

시드머니의 기준은 사람마다 다르다. 10만 원을 투자해서 100만 원의 수익을 내겠다고 목표를 잡으면 1,000% 수익을 내야 한다. 1,000만 원을 투자하면 10%, 1억을 투자한다면 1% 수익만 내도 벌 수 있는 돈이다. 이렇게 시드머니의 크기는 수익률만큼 중요하다.

꾹꾹 밟고 다독인 땅을 뚫고 씨앗이 떡잎이 되는 것처럼 시드머니를 만드는 과정은 참으로 힘들다. 일단 소득의 일부를 저축해야 하기 때문이다. 더군다나 시드머니의 크기를 키우려면 그 과정은 더 참기 힘든 기간이다. 그래도 어쩔 수 없다. 시작하려면 종잣돈이 있어야 하니까 말이다.

시드머니의 시작은 저축이다. 저축한 돈을 조금 더 불리기 위해 정기예금에 넣어 두거나 일반예금이 아닌 정기적금으로 시드머니를 불릴 수도 있다.

시드머니를 만들 때는 기한을 두고 목표를 세우자!
내 아이와 함께 만드는 시드머니라면 아이가 용돈을 1만 원 아

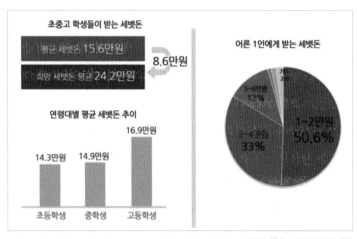

(자료 : 엘리트 교복, 2016년 기준)

껐을 때 부모는 용돈의 100%인 1만 원을 보태어 아이의 시드머니로 저축한다.

그럼 일 년에 아이와 만들 수 있는 시드머니는 얼마 정도 될까?

어느 통계에서 초중고 학생이 받는 세뱃돈의 평균은 15만 6,000원이라고 한다. 여기에 부모가 아이 이름으로 월 20만 원의 적금을 들고 있다고 생각해 보자.

아이가 월에 모으는 만 원의 용돈에 필자가 보상으로 같이 모아주는 1만 원, 결국 용돈으로 일 년에 모을 수 있는 돈은 24만 원이다. 적금으로 모을 수 있는 돈은 240만 원, 세뱃돈 등 어른에게 받는 돈은 대략 16만 원이다. 이를 다 합치면 내 아이가 일 년 동안 모을 수 있는 시드머니는 280만 원이 된다.

일 년: $(2 \times 12) + (20 \times 12) + 16 = 280$(만 원)
10년: $280 \times 10 = 2,800$(만 원)

아이가 10살 된 해에 10년을 모아 2,800만 원을 시드머니를 삼아도 좋고, 용돈 관리에서 말했던 방식으로 어린이 적립식 펀드에 가입해 수익률을 극대화해서 모았다면 10년 동안 3,000만 원 정도의 시드머니에서 출발할 수 있다. 정말 순진하게 꾸준히 10년만 저렇게 모아도 최소 3,000만 원에서 시작할 수 있다는 말이다. 처음 필자가 50만 원으로 투자를 시작한 것과 비교하면 정말 큰돈이다.

슈퍼리치 만들기 프로젝트 08

1. 시드머니를 모으기 위한 기한과 계획을 세워 보자.

기한:

금액: 매달 _____ 원

목표액:

2. 시드머니 운용 방법을 계획해 보자.

① 주식 투자

② 어린이 적립식 펀드

③ 예/적금

투자 식탁으로의 초대

주식은 밥이 아니다

주식은 쌀만 씻어 전기밥솥 버튼만 눌러 뚝딱 지을 수 있는 밥이 아니다. 여러 야채를 정성껏 다듬고 자른 후 색깔의 궁합에 맞춰 담고, 톡 쏘는 겨자 소스를 뿌려야 하는 양장피 같이 손이 많이 가는 어려운 음식이다. 대충 해도 '취사가 완료되었습니다'라며 김이 모락모락 나는 맛있는 밥을 누군가 내 앞에 차려 줄 것이라고 기대하지 말자.

'돈'은 공부하지 않는 자에게 '뚝' 하고 떨어지지 않는다.

2020년 코로나19와 함께 한국에는 동학(東學) 개미 열풍과 서학(西學) 개미 열풍이 거세게 불었다. 2020년 1월 2일 2175.17로 출발한 코스피 지수가 3월 19일 1457.64까지 떨어졌다. 그러나 저금리, 부동산 규제 등으로 마땅한 투자처를 찾지 못하고 있던 개인투자자들이 '우량주를 싸게 살 기회'를 놓치지 않고 시장에 뛰어들었다. 외국인과 기관이 수십조를 순매도한 것과 반대로 개인들은 50조 이상을 순매수했다. 외국인과 기관이 던진 매물을 일명 '개미'인 개인투자자들이 받아 내면서 주가가 상승하기 시작했다. 2020년 3월에 주식 시장에 진입한 사람이라면 6개월 만에 평균 50%가 넘는 수익을 거머쥘 수 있었다.

국내 시장에서 활발히 활동한 개인투자자들을 '동학 개미'라고 한다면 해외 주식을 사들인 개인을 '서학 개미'라고 한다. 서학 개미들은 테슬라, 애플, 마이크로소프트, 알파벳A(구글) 등 미국 기술주를 사들였고, 한국인이 보유한 테슬라 주식은 2020년 9월 36억 달러(약 4조)에 달해 세계 10대 주주 수준이 되었다.

일개미처럼 열심히 주식에 달려든 개미들 덕분에 정부는 공매도* 금지 기간을 6개월이나 연장했다.

2022년 이제 한국인에게 '주식(主食)'은 실없이 '언제 밥이나 한번 먹자'고 말하는 '밥'의 의미가 아닌, 개인투자자들의 꿈의 시장인 '주식(株式)'이 떠오를 정도로 전국이 주식으로 들썩였다.

---

* 공매도 : 주가 하락이 예상되는 종목의(혹은 하락시킬 타겟을 정해) 주식을 미리 빌려서 비싼 값에 팔고 나중에 실제로 주가가 내려가면 빌린 주식을 싼값에 사들여 결제를 완료함으로써 중간 차익을 남기는 투자 기법이다. 말 그대로 '없는 것을 판다(공매; 空賣)'는 의미이다.

이제 우리는 아이들과 '주식(株式)'에 대해 이야기를 나누어야 한다.

아이가 꾸준히 모은 '시드머니'를 사용할 때가 왔다.

부모가 '주식하면 망한다'라고 자본주의에 반하는 생각을 갖고 있다거나 '주식하면 무조건 돈을 번다'라는 한탕주의적 생각을 갖고 있다면 2022년 주식 폭락장을 살펴보길 바란다.

주식은 오르내림이 있다. 분명 버는 사람이 있으면 잃는 사람이 있다. 투자에 앞서 주식의 위험성은 살펴봐야겠지만 위험하다는 이유로 투자를 망설이거나 투자에 호의적이지 않다면 가정의 자산은 제자리를 맴돌 뿐이다.

그럼 왜? 주식인가?

우리는 소중한 우리 아이의 경제 선생님이기 때문이다. 주식 시장은 시대에 따라 부침이 많았지만 결국 우상향했다. 주식은 경제 성장과 더불어 우상향하기 때문에 아이가 어릴 때 '가치 있는 주식'에 가치투자를 시작해야 한다.

그럼 내 아이가 주식에 투자를 한다는 것은 무슨 의미인가?

주식을 산다는 것은 회사의 소유권을 갖는다는 의미이다. 즉, 내 아이가 회사의 사장과 동업자가 된다는 의미이다. 내 아이가 삼성전자 주식을 산다는 것은 주식으로 돈을 번다는 의미도 포함

되어 있지만 이재용 사장과 함께 삼성전자라는 대기업의 주인이 된다는 의미를 내포한다.

주식을 영어로 'Stock'이라고 하지만 'Equity'라고도 한다. Equity는 '지분'을 뜻한다. 주식을 갖는다는 건 내가 그 회사의 지분을 소유하게 되는 것 즉, 주인이 된다는 뜻이다.

우리가 아는 부자는 기업체를 소유한 사람이다. 기업체의 '주식'을 많이 가지고 있는 사람은 부자다. 내 아이가 미래에 기업체의 사장이 될 수도 있지만 아직은 어리고 기반이 마련되어 있지 않다. 그렇다면 주식 시장에서 주식을 매입하여 소유해야 한다. 그럼 내 아이도 회사의 성장과 함께 부자가 될 수 있다.

주식 투자는 상당히 위험하다. 우리는 '위험'이라는 파도에 맞서 '수익'을 얻는다. 'High risk High return'이라는 말처럼 큰 위험을 감수해야 큰 소득도 찾아온다. 주식은 위험을 대가로 얻은 수익이다. 그런데 이런 위험을 내 아이가 감수해야 하는가?

필자는 아이들이 '위험'을 실패로 보지 않고 '즐거움'으로 인식했으면 좋겠다. 돈을 잃어도 비싼 공부를 했다고 긍정적으로 생각하자. 잃는 돈보다 더 큰 배움을 얻을 수 있기 때문이다. 단, 가치 투자를 했을 때 해당되는 말이다. 하지만 주식 직접 투자에 대해서는 심각하게 고민해 볼 필요가 있다.

1. 주식 투자의 위험에 맞서 줄 펀드 투자

주식 투자를 하기 전에 우리는 충분히 공부하고 또 공부해야 한다. 그런데 대부분의 투자자는 실패라는 위험에 내 돈을 걸 정도로 투자의 달인이 아니다. 자신을 믿을 수가 없다. 그렇다면 전문가가 운용해 주는 '펀드 투자'는 어떨까?

필자가 말하는 펀드는 내가 직접 주식을 사고파는 직접 투자가 아니라 전문가가 투자해 주는 간접 투자 상품을 말한다.(물론 직접 투자하는 펀드도 있다.)

투자 전문 회사에는 전문가들이 연구하고 분석해서 만들어 놓은 여러 종류의 펀드가 있다. 해당 펀드에 가입하면 펀드매니저들이 3개월에 한 번씩 운용 보고서를 보내 준다. 펀드를 하다 보면 저절로 경제 공부가 되고 시장의 흐름도 파악할 수 있다.

'어린이 펀드', '주니어 펀드'를 시작해 보자.

전문가들이 일정의 수수료를 받고 내 아이의 돈을 안전하게 '분산 투자'해 줄 테니 말이다. 물론 펀드매니저가 신이 아니니 항상 이익만을 보장하지는 않는다. 다만 내가 직접 투자하는 것보다 조금은 '안전'하고, 나보다는 그들이 전문가니 투자 경험이 없는 사람에게는 조금 더 쉬운 투자 방법이라는 점이다.

	장점	단점
펀드 투자	·금융 지식이 없어도 투자할 수 있다. ·기대 수익률이 높은 편이다. ·우량주에 분산 투자한다. ·위험 분산의 효과가 있다. ·전문가가 대신 투자하니 크게 신경 쓸 일이 없다.	·직접 투자보다 수익률이 낮을 수 있다. ·펀드 운용사에 수수료를 지불해야 한다.

필자가 아이들에게 추천하는 펀드 상품은 메리츠자산운용의 '주니어 펀드'이다. 만 20세 이하만 투자할 수 있는 이 펀드의 최대 장점은 장기 투자를 유도하기 위한 낮은 수수료이다. 다른 국내 펀드 수수료가 1%대인 걸 감안하면 절반의 수수료(0.485%)가 매력적이다.

오르내림이 있지만 수익률은 우상향하고 있다.

투자처 또한 우리가 아는 구글(Alphabet Inc Class A), 카카오 등으로 우량주들이다.

펀드를 가입하기 위해 계좌 개설을 하고 싶다면 성인은 비대면으로 증권사나 펀드 운용사의 앱을 다운받아 신분 인증 과정을 거치면 만들 수 있다. 하지만 미성년인 아이들은 비대면 계좌 개설이 불가능하다. 증권사이든 펀드 운용사이든 미성년인 아이들의 계좌 개설은 부모가 직접 찾아가서 가입신청서를 작성해야 한다.

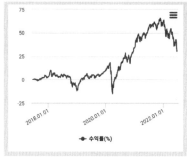

위험등급		설정이후	
높은위험		31.10%	

유형		순자산	
재간접형		48,528,560,566원	

펀드결산일		벤치마크	
2023-06-14		BM없음	

기준가		총보수(연,%)	
1,227.62원		0.485	

+ 판매수수료
선취판매수수료 : 납입금액의 0.25%이내

+ 환매수수료
3년 미만 : 환매금액의 5%
3년 이상 5년 미만 : 환매금액의 3%
5년 이상 10년 미만 : 환매금액의 1%

보유상위종목 TOP10

펀드 설정일 : 2017-06-15

종목명	비중 (%)	최초편입일
Vanguard Energy ETF	2.55	
Alphabet Inc. Class A	2.48	2018-01-30
ISHARES GLOBAL CLEAN ENERGY	2.35	2018-01-25
ISHARES EXPONENTIAL TECH ETF	2.31	2017-07-04
Vanguard Materials ETF	2.21	
FIRST TRUST CLOUD COMPUTING	2.21	2017-07-04
VanEck Agribusiness ETF	2.19	
Vanguard Health Care ETF	2.18	
Advanced Micro Devices Inc	2.11	2020-03-16
ISHARES MSCI INDIA ETF	2.05	

(출처: 메리츠자산운용사, 기준일: 2022.06.22)

미성년자 계좌 개설 시 필요 서류

1. 주민등록등본 또는 가족관계증명서
(발급 3개월 이내, 주민등록번호 뒷자리 표기)
2. 도장(부모 또는 자녀)
3. 부모 신분증
증권사나 펀드 운용사마다 필요한 서류가 다르니 고객센터나 홈페이지 참고

3번까지가 기본 서류이고 증권사마다 기본증명서(자녀 기준, 상세), 가족관계증명서(부모 기준)를 요구할 수도 있다. 자신이 거래

하고 싶은 회사의 고객센터 문의를 통해 두 번 걸음하는 일이 없
도록 하자.

필자는 3시 30분까지 영업하는 증권사에 아무 생각 없이 3시
에 방문했다가 신규계좌 개설은 1시까지만 받는다고 하여 헛걸
음을 한 적이 있다. 신규계좌 개설은 영업시간보다 훨씬 빨리 마
감되기 때문에 몇 시까지 방문해야 가능한지 꼭 알아보고 간다.

아이의 주식 계좌 개설을 차일피일 미루는 이유 중 하나는 부모
의 귀찮음도 한몫한다. 변명을 해 보자면 증권사가 우리 동네에
없기 때문에 시간을 내기가 힘들다. 마음은 벌써 여러 주식을 담
아 놨으나 몇 달째 자녀 주식 계좌조차 못 만드는 부모들이 꽤 많
다. 증권사나 펀드 운용사가 멀어서 의욕만 앞서고 계좌 개설조차

| 계좌개설 가능은행
▸ 은행별 로고를 클릭하시면 필요서류 등 자세한 사항을 확인하실 수 있습니다.

	주식계좌	선물옵션	펀드계좌	해외주식	FX마진	해외선물
우정사업본부	o	o	o	-	-	-
KB	o	o	o	o	o	o
신한은행	o	o	-	-	o	o
우리은행	o	o	o	o	o	o
농협	o	-	o	-	-	-
IBK	o	o	o	o	-	-
KEB 하나은행	o	o	o	o	o	o
citibank	o	o	o	-	-	-
대구은행	o	o	-	-	-	-
광주은행	o	o	-	-	-	-
경남은행	o	o	o	-	-	-
BS 부산은행	o	o	-	-	-	-
새마을금고	o	o	o	-	-	-
Standard Chartered	o	o	o	-	-	-
신협	o	o	o	o	-	o

(출처: 키움증권, 계좌 개설 가능 은행)

못한 경우라면 집에서 가까운 은행과 연계된 증권사가 있는지 알아보자. 은행에서도 증권사 계좌 개설이 가능하기 때문이다.

메리츠자산운용사 같은 경우는 서울 북촌 본사나 송파 펀드 스토어에 부모가 직접 방문해야 하는데 지역별로 계좌 개설을 할 수 있도록 이동형 헬프데스크를 운영하기도 한다. 카톡 플러스에 메리츠자산운용을 친구 추가하고 헬프데스크를 이용하면 원하는 서비스에 대한 안내를 받을 수 있다.

메리츠자산운용은 2022년 5월 6일부터 신한은행 전 영업점에서 [메리츠자산운용 계좌 개설 대행] 서비스를 통해 미성년자의 계좌 개설을 시작했다.

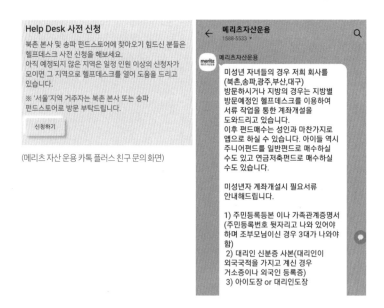

(메리츠 자산 운용 카톡 플러스 친구 문의 화면)

[1단계] 서류 준비
(1) 법정대리인 실명확인증표 (부모 신분증),
(2) 미성년자 기준 가족관계증명 (혹은 상세 가족관계증명),
(3) 미성년자 기준 상세 기본증명서 (혹은 특정기본증명서, 친권, 미성년 후견 현재)
(4) 거래 도장

[2단계] 신한은행 영업점 방문 & 계좌 개설 신청
*법정대리인의 방문으로 계좌 개설 가능, 자녀 동반 불필요

[3단계] [메리츠자산운용 펀드투자] 앱에서 로그인 ID & 로그인 비밀번호 등록
*신한은행 영업점에서 수령한 확인증 내 종합계좌번호 필요

[4단계] 펀드투자 시작
*단, 미성년 손주의 계좌와 외국인 고객분의 계좌는 본 제휴 서비스로
개설이 불가하며 대한민국 국적을 가진 미성년 자녀의 법정대리인(부모)이
필요서류를 지참하여 메리츠자산운용을 방문하여야 한다.

2. 아이와 함께 공부해야 할 주식

2018년 워런 버핏과의 점심 식사를 할 수 있는 기회가 35억 5,000만 원에 낙찰되었다. 세계적 부호이며 주식 투자의 대가에게 투자 조언을 듣고 싶은 사람이 거액을 주고 그의 시간을 샀다. 일반인이라면 평생 만질 수도 없는 큰돈을 짧은 만남에 쓴 사람은 그에게 투자 철학과 투자법을 배우기 위해서였을 것이다.

우리 집 식탁에 워런 버핏을 초대할 수는 없지만 그가 그동안 강조한 투자법을 공부하면 투자 팁을 얻을 수 있지 않을까?

'내재가치 이하인 기업만 매수하라.'

– 워런 버핏 –

아이와 주식을 선택할 때 1순위는 무조건 '가치투자'에 있어야 한다. 가치투자는 기업의 내재가치를 보고 주식에 투자하는 것을 말한다. 내재가치란 기업이 가지고 있는 본질적인 가치를 의미한다. 주식 시장에서 거래되는 시장가치와는 다르다.

벤자민 그레이엄의《Security Analysis(증권 분석)》에서 보면 내재가치는 기업의 자산, 수익, 배당, 미래의 확실한 전망, 거기에 미래의 수익 능력이라고 말한다.

필자의 언어로 쉽게 말한다면 가치투자는 저평가된 기업의 주식에 투자하는 것이다. 원래 가치는 1,000원인데 현재 700원에 거래되면, 700원으로 1,000원짜리 주식을 살 수 있는 그런 곳에 투자해야 한다.

그런 기업을 찾으면 누구나 부자가 될 수 있는가? 그렇다. 다만 그런 기업을 찾기가 힘들 뿐이다. 우리는 완전한 정보를 가지고 있지 않고, 시장은 비효율적으로 움직일 수 있기 때문이다.

3. 가치투자란 무엇일까?
수입 과일을 파는 가게 사장은 오렌지 1망(10개)을 1만 원에 가져

와서 15,000원에 판다. 맛도 좋고 가격도 적당하여 15,000원에
도 잘 팔리던 오렌지 판매에 문제가 생겼다. 오렌지 농사에 사용
되는 살충제가 인간에게 심각한 부작용을 초래한다는 뉴스가 나
오면서 아무도 오렌지를 사려 하지 않았기 때문이다. 사실 살충제
성분은 물에 세척하면 녹아 없어지기에 잘 씻기만 하면 건강에 전
혀 문제없는 성분이었다. 과일 가게 주인은 오렌지가 시들어 폐기
처분되기 전에 12,000원으로 가격을 내려 팔았다. 그런데도 수요
가 없자 1만 원까지 가격을 내렸다. 원가에 내놔도 오렌지를 사려
는 사람이 없었다. 창고에 쌓여 있는 오렌지를 더 이상 방치할 수
없던 가게 주인은 원가 이하인 8,000원에 팔기 시작했다. 오렌지
가 저렴해지자 평상시에는 찾지 않던 사람들이 오렌지를 사 먹기
시작했다. 여기서 8,000원에 오렌지를 사 먹은 사람들이 '가치투
자 방법'과 비슷한 거래를 한 셈이다.

이후 오렌지 살충제 문제가 잠잠해지고 칠레산 포도 농약 문제
가 이슈화되었다. 사람들은 포도를 사지 않고 서로 오렌지를 사려
고 했다. 원가 1만 원인 오렌지를 2만 원에 팔아도 사람들은 구매
했다. 하지만 이미 8,000원에 오렌지를 사 먹은 사람들에게 2만
원은 너무 비싼 가격이었다. 오렌지의 실제 가치는 1만 원인데 포
도 살충제라는 이슈 때문에 오렌지가 너무 비싸게 거래되고 있다
고 판단한 것이다. '가치투자' 방식의 사람들은 2만 원에 거래 중
인 오렌지가 1만 원 이하로 떨어질 때를 기다린다. 오렌지를 대체

할 품목이 많기 때문에 굳이 비싼 오렌지를 사지 않고 가격이 떨어지기를 기다리는 것이다.

이런 투자법이 바로 '가치투자'이다. 가치보다 가격이 저렴하면 주식을 매수하고, 가치보다 가격이 비싸면 주식을 매도한다.

4. 가치투자를 워런 버핏의 방법대로 한다면

① 수익성이 좋은 기업

② 충분한 자산을 보유한 기업

③ 현금을 많이 벌어들이는 회사를 찾는다.

구글, 아마존, 넷플릭스 같은 회사들이 생겨나고 있다. 당장 수익을 많이 내는 회사는 아니지만 미래의 성장 잠재력이 큰 회사들이다. 미래의 '가치'가 큰 기업들이라고 할 수 있다.

그렇다면 누구나 예상할 수 있는 4차 산업혁명과 인터넷 기반 회사, 메타버스 관련 회사처럼 차세대 거대 시장(Next big thing)은 가치투자를 할 만한 곳일까? 물론 관심을 갖고 바라보면 분명 좋은 기회는 찾아올 거라 생각한다.

하지만 가치투자는 기업이 가지고 있는 유형 자산을 근거로 가치를 판단해야 한다. 내가 생각하는 가치와 미래의 가치에도 의미를 부여해야 하겠지만 돈이 오가는 거래에서는 감으로만 투자할 수 없다. 객관적 지표를 통해 저평가된 기업을 찾아내야 한다.

5. 우량 주식은 어떻게 찾아야 할까?

① 회사의 브랜드를 내가 잘 알고 있는 기업

② 독과점 기업 : ex) 현대, 기아자동차

③ 외국인이 많이 투자하는 기업

④ 펀드에서 많이 사들이는 기업

⑤ 시총 기준 회사 규모가 적당히 큰 기업, 3천억에서 2조 사이 :
   ex) 대덕전자, 솔브레인, 다우기술 등

⑥ ROE가 높아도 매출, 영업이익, 순이익이 같이 성장하는 기업

⑦ 장기적으로 경쟁 우위를 확보한 기업 (워런 버핏은 90년대 후반 이
   후 인터넷 분야 투자를 거의 하지 않은 것을 후회함)

⑧ 네트워크로 연결되어 있어 확장 가능성이 큰 기업 : ex) 구글

그럼 회사의 객관적 지표는 어떻게 찾아야 할까?

주식에 대한 이해를 돕기 위해 간단한 주식 용어를 설명하고자
한다.

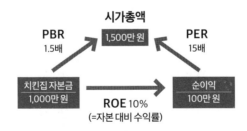

· **ROE(Return on Equity)가 15-20%인 기업**

ROE는 자본 대비 수익률을 말한다. 즉, 자본을 얼마를 넣어서 얼만큼 벌었는지를 숫자로 표시한 것이다. 높을수록 좋지만 꼭 그렇지 않은 경우도 있어서 여러 전문가들이 말하는 수치인 15~20%가 적정선이라 생각한다.

ROE는 회사가 자본을 얼마나 효율적으로 투자하고 있는지를 보여 주는 지표이다. 예를 들어 자본 1,000만 원을 투자해서 100만 원의 수익을 얻는 기업이라면 ROE가 10%이다.

· **PBR(Price to Book Value Ratio)이 낮은 기업**

PBR = 주식가격/주당순자산

PBR은 회사가 시장에서 매매되는 가격이 그 회사 자본의 몇 배인지를 보는 지표인데 낮을수록 좋다고 본다. 자산 규모가 1,000만 원인 회사의 시가총액이 1,500이라면 회사가 가진 자본에 비해서 1.5배 만큼 시가총액이 크다. 이것을 PBR이라고 한다.

· **PER(Price Earning Ratio)이 낮은 기업**

PER = 주식가격/주당순이익

PER은 회사가 시장에서 매매되는 가격이 그 회사의 일 년 순이익의 몇 배인지를 나타내는데 낮을수록 좋다고 본다. 보통 10을 기준으로 PER이 10보다 높으면 고평가, 10보다 낮으면 저평가됐다고 판단하기도 한다.
예를 들어 시가총액(시총)이 2,000만 원인 회사가 100만 원의 이익을 냈다면 그 회사의 PER은 20이다.
*참고: 시가총액은 시장에서 정해진다. 갑이라는 회사의 주가가 내리면 시가총액도 내려가고, 주가가 오르면 시가총액도 올라간다.

현재 주식 가격이 2만 원이고 주당순이익이 2,000원이면 PER은 10이다.
삼성전자의 PER은 15.29(22.3.29 기준)이다.

아이와 함께 고른 회사가 어떻게 운용되는지, 얼마만큼의 이익을 내는지 알 수 있는 ROE, PBR, PER은 꼭 확인하는 습관을 갖자. 회사가 얼마의 자본으로 얼마의 수익을 내고, 회사의 시가총액이 얼마인지를 알아보자.

주식 앱과 포털 사이트에 회사 이름만 쳐도 위의 내용은 쉽게 확인할 수 있다. 그리고 주식에서 절대적인 건 없다. 위의 수치를 제공한 건 기본적으로 전문가들이 말하는 내용을 참고로 적은 것이지 판단은 절대적으로 개인의 몫이다.

예를 들어 테슬라는 2021년 전기차를 100만대 판매했으나 시가총액은 1조 달러 우리 돈으로 약 1200조, 현대차는 약 400만대를 판매했으나 시가총액은 약 40조를 기록했다. 현대차는 벌어들이는 돈에 비해 저평가됐다고 생각한다면 현대차를 사는 게 가치투자자의 마인드이고, 테슬라의 미래에 더 가치를 두는 사람은 비싼 가격이지만 테슬라를 살 것이다.

즉, 주가를 나타내는 지표에는 사람들의 기대감도 들어 있으니 단순 수치 계산으로만 투자하는 건 위험할 수 있다.

6. 선택이 두려운 자들은 내게 오라! ETF

ETF(Exchange Traded Fund)란 거래소에서 거래되는 펀드의 약자로, 펀드를 주식처럼 시장에서 쉽게 사고팔기 위해 만든 것이다. ETF는 어떤 비슷한 성격을 가진 회사의 주식들을 모아 놓은 묶음이라고 생각하면 된다. 부동산 관련 주식을 모은 ETF나 AI 관련 주식을 묶은 ETF, 코스피200을 추종하는 ETF 등 ETF 종류는 매우 다양하다. ETF 하나에는 수십 개 또는 수백 개 회사의 주식이 담겨 있다.

주식을 잘하는 사람이야 어떤 회사를 분석해서 주식을 사면 되지만, 종목 선정도 어렵고 투자에도 초보인 사람들은 간접 투자 방식인 펀드 투자가 더 효과적이라고 앞에서 언급했다. 이러한 투자 방식은 액티브펀드(Active Fund) 투자라고 한다. 펀드매니저가 시장을 예측하고 과감하게 투자하는 방식이다.

그런데 일반인들도 직접 ETF를 살 수 있다. 인덱스펀드(=패시브 펀드, Index Fund)가 그것이다.

주식을 묶어 놓으니 한 회사에 투자하는 것보다 변동성이 낮다. 내가 회사 한 곳을 선택해 투자했다가 손해 보는 일이 발생할 수 있는데 여러 회사를 묶어 놓으니 그 위험성이 덜하다. 그리고 펀드매니저의 역할이 없으니 수수료가 낮다. 반대로 스스로 펀드매니저 역할을 해야 하기 때문에 잘못된 판단을 하면 돈을 잃을 수도 있다. 또한 ETF에 내가 원하지 않는 회사가 있어도 내 마음대로 회사를 빼고 더할 수 없다는 단점이 있다.

예를 들어 화원에 가서 꽃을 고르는데 그곳에 내가 좋아하지 않는 꽃이 있더라도 모두 사야 하는 게 패시브 펀드이고, 그중 예쁜 꽃과 잘 시들지 않는 꽃을 전문가가 골라 줘서 사는 것이 액티브 펀드이다.

시든 꽃이 있지만 활짝 핀 꽃이 더 많은데다가 이런저런 꽃을 여러 개 사면 가격도 싸고 지금은 시들시들하지만 내일은 활짝 필 꽃이 섞여 있다면 이것도 나쁜 선택은 아니다. 골라 주는 사람에게 주는 수수료를 내지 않아도 되기 때문이다.

전문가가 활짝 핀 예쁜 꽃만 골라 담아 줬지만 수수료도 줘야 하고, 전문가도 미처 발견하지 못한 벌레 때문에 금방 꽃이 시들 수 있는 위험도 있다.

어떤 선택을 하든 투자는 개인의 몫이다.

하지만 아이와 주식 투자를 시작하는 당신에게 드리는 Tip!

---

1. 펀드에 투자해라!
어린이, 주니어 펀드를 추천한다.

2. 인덱스(패시브)펀드에 투자해라!
아이가 좋아하는 기업이 묶여 있는 ETF에 직접 투자하는 방식이다.

3. 우량주에 투자해라!
잘 모를 땐 큰 기업, 누구나 아는 기업에 투자하는 것이 왕도이다.

4. 가치투자를 해라!
저평가된 주식을 찾기 위해 ROE, PBR, PER을 공부해라.

배당주는 특식 요리다

주식 투자를 시작할 때 모든 용어가 생소하겠지만 배당주는 꼭 알아야 한다.

회사가 배당금을 주는 대신 시설 등에 투자해 주식 가치를 더 상승시켜야 한다는 전문가들도 있고, 배당금을 받아 재투자해서 복리의 효과를 누리라는 전문가들도 있다.

그러나 필자는 아이들과 함께하는 투자에서 배당주는 특식 요리라고 생각한다. 배당금을 받는 날은 특별한 날이고, 그동안 중국집에서 짜장면만 먹었다면 탕수육 같은 특식 요리도 먹을 수 있는 날이다.

주식을 팔기 전에는 투자에 대한 수익은 화면상의 숫자에 불과하지만 배당금을 받으면 투자에 대한 수익을 현실에서 맛볼 수 있다.

아이가 게임 현질을 하는 이유가 돈을 들이면 게임 캐릭터가 진화하고, 레벨이 상승하는 재미와 맛을 알아 버렸기 때문인 것처럼 배당금을 받으면 '투자'의 재미를 느낄 수 있다. 그리고 내가 선택한 회사가 얼마나 일을 잘하는지, 이번 분기의 배당금이 지난 분기보다 많아졌는지 혹은 적어졌는지를 보면서 사회, 경제의 흐름도 공부할 수 있다.

모든 회사가 배당금을 지급하는 건 아니지만 실제 어떤 회사가 얼마만큼의 배당금을 주는지 다음에 나오는 표를 참고해 스스로 판단해 보길 바란다.

10억을 투자하여 일 년에 1억 이상의 배당금을 받을 수 있는 기업도 있다니 정말 놀랍지 않은가! 물론 10억이 있어야 가능한 일이고, 원금에서 손실을 볼 수도 있지만 배당금은 특식 요리가 맞다.

배당금 지급 기업		
성장+가치주	삼성전자/현대차	배당금 지급
가치주	포스코/기업은행/ 삼성증권/삼성화재/ SK텔레콤/KT 등	고배당금 지급
10억을 투자했을 때 년 배당금 지급액		
삼성전자	약 1,932원	일년 4번 분기별 배당+특별배당금(해마다 다름) 포함 현재가 80,000원으로 계산 약 2,400만 원
현대차	4,000원	년말 배당 3,000원+분기 1,000원을 배당 지급 현재가 240,000원으로 계산 약 1,600만 원
SK텔레콤	10,000원	현재가 325,000원으로 계산 약 3,000만 원 (5대1 액면 분할 전)
KT	1,350원(2021. 12. 29. 실제 배당금 1,910원)	현재가 32,800원으로 계산 약 4,100만 원(실제 5,800만 원)
기업은행	471원(2021. 12. 29. 실제 배당금 780원)	현재가 10,550원으로 계산 약 4,500만 원(실제 7,400만 원)
대신증권	1,200원	현재가 18,800원으로 계산 약 6,400만 원
서울가스	16,750원	현재가 139,500원으로 계산 약 1억 2,000만 원

(2021.6월 기준. 배당금은 2020년 배당락일을 기준 삼음)

공모주는 메인 요리다

2022년 상반기에 'LG에너지솔루션'이라는 기업의 상장으로 공모주가 핫한 키워드가 되었다.

깨어 있는 부모들은 자녀의 이름으로 공모주를 사기 위해 자녀 명의의 신규 주식 계좌를 만들었다. 자녀가 공모주를 하나라도 더 받을 수 있게 하려고 경쟁이 비교적 적고 많은 배정을 받을 수 있는 증권회사를 방문했고, 대기 시간과 대기 인원이 얼마나 많은지를 각자의 SNS에 유행처럼 올리기도 했다.

당신은 공모주에 투자했는가?

당신 아이의 공모주 투자를 위해 주식 계좌를 개설했는가?

필자는 투자 식탁에서 메인 요리는 공모주 투자라고 생각한다.

이런 표현이 좀 그렇지만 공모주는 '돈 놓고 돈 먹기'가 되는 경우가 많다.

공모주는 어떤 기업이 증권 거래소에 상장할 때 발행하는 주식이다. 투자자는 기업이 발행하는 공모주에 청약함으로써 공모주를 배정받는다. 보통 공모가는 기업의 가치보다 낮게 발행되는 경우가 많다. 소문난 잔치를 만들기 위해서이다. 시세차익이 있어야 투자자가 몰리기 때문에 공모가는 보통 저렴하다. 그래서 공모주가 주식 시장에 상장되면 바로 가격이 치솟곤 한다.

2022년 1월 LG에너지솔루션의 공모가는 30만 원이었고, 경쟁률은 2023대 1이었다. 상장 이후 주당 최고가는 54만 8,000원이었다. 운 좋게 공모주 1주를 배정받아 최고가에 팔았다면 24만 8,000원의 이익을 볼 수 있다는 뜻이다.

'나도 청약이란 걸 해 보고 싶은데 저렇게 경쟁률이 높다면 많은 돈이 있어야 하는 게 아닌가' 하며 지레 겁을 먹고 투자를 포기하는 사람들이 있다. 하지만 공모주에는 균등 배정이라는 아주 좋은 제도가 있다. 일반적으로 돈을 많이 넣을수록 많은 주식을 받는 비례 배정이 있지만 균등 배정은 청약 건수에 배정 물량을 나누어 균등하게 나눠 주는 방식이다.

LG에너지솔루션 최종 균등 배정 결과

주간사	배정 주식 수	청약 건수(수)	균등 배정 수량 (배정 주식 수/청약 건수(수))	배정 결과
KB증권	2,514,069	2,131,530	1.18주	1주+추첨 1주(18%)
대신증권	1,257,034	720,271	1.75주	1주+추첨 1주(75%)
신한금융투자	1,257,034	908,315	1.38주	1주+추첨 1주(38%)
미래에셋증권	114,276	422,218	0.27주	0주+추첨 1주(27%)
신영증권	114,276	72,134	1.58주	1주+추첨 1주(58%)
하나금융투자	114,276	101,955	1.12주	1주+추첨 1주(12%)
하이투자증권	114,276	68,038	1.68주	1주+추첨 1주(68%)

표를 보면 미래에셋증권을 제외하고 모든 주간사에서 청약한

사람에게 1주는 기본으로 주고, 나머지는 퍼센트만큼 나눠서 배정했음을 알 수 있다. 필자의 아이들도 공모주 청약을 신청했고, 큰아이는 균등으로 1주, 작은아이는 운 좋게 균등으로 2주를 받았다. 그야말로 추첨 1주는 추가로 받는 운이기 때문이다. 이번 공모주 투자에서 2주를 받은 작은아이가 운이 좋았다.

LG에너지솔루션 최종 비례 배정 결과

주간사	배정 주식 수	비례 경쟁률	1주 필요금액
KB증권	2,514,069	134.73	20,209,500원당 1주
대신증권	1,257,034	130.70	19,605,000원당 1주
신한금융투자	1,257,034	129.16	19,374,000원당 1주
미래에셋증권	114,276	422.46	63,369,000원당 1주
신영증권	114,276	132.16	19,824,000원당 1주
하나금융투자	114,276	146.43	21,964,500원당 1주
하이투자증권	114,276	132.12	19,818,000원당 1주

비례 배정을 살펴보면 KB증권에 2,020만 9,500원을 넣고 청약했다면 비례로 1주를 받을 수 있다. 5,000만 원을 넣었다면 2주를 받았을 것이다. 주간사마다 경쟁률도 다르고 배정 주식 수도 달라서 1주에 필요한 금액이 달라진다. 만약 시간이 있다면 청약 마지막 날 눈치를 보고 경쟁률도 낮고 배정 주식 수도 많은 곳에 청약하는 걸 추천한다.

혹자는 '비례를 받은 사람은 돈을 많이 넣었는데 억울한 게 아닌가?'라고 생각할 수도 있다. 그러나 그런 걱정은 할 필요가 없다. 비례에 청약한 사람은 균등 배정에도 무조건 청약이 되기 때문에 균등 배정을 신청한 사람처럼 1주는 받을 수 있다. 거기에 플러스 비례 금액 만큼의 주를 더 받게 된다.

그러면 이렇게 손쉬운 투자법인 공모주는 어떤 방식으로 이루어지는가?

아래의 표를 살펴본다.

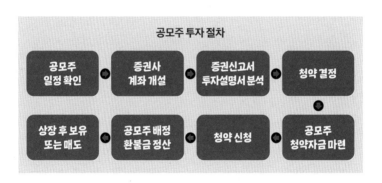

공모주 청약에서 꼭 알아야 할 것은 공모주 일정 확인 후 주간사의 계좌를 만들어야 한다는 점이다. 아무 증권사에서나 공모주를 살 수 있는 게 아니고 공모주에 따라 정해진 주간사가 다르다. 따라서 해당 증권사의 계좌를 미리 만들어 놓아야 한다.

또 한 가지 절대 잊으면 안 되는 것은 '청약증거금'이다.

청약증거금은 계약금이라고 생각하면 된다. 증거금은 50%로 10주를 청약하고자 한다면 5주에 해당하는 금액을 미리 계좌에 넣어 두어야 한다. 예를 들어 LG에너지솔루션의 경우, 공모가가 30만 원이었기 때문에 10주에 해당하는 300만 원의 50%인 150만 원을 통장에 넣어 두면 균등 배정을 받을 수 있는 조건이 된다.

$$증거금 = 공모가(30만 원) \times 10주 \times 50\%$$
$$= 150만 원$$

공모주가 만약 1주 배정되면 차액인 120만 원은 자신이 지정한 곳(주식 계좌 혹은 은행 계좌)으로 들어오니 일단 증거금은 꼭 미리 넣어 두자.

앞에서 설명한 대로 아이는 비대면 계좌 개설이 되지 않으니 사전에 꼭 증권사 혹은 은행에 가서 계좌를 개설하고, 이후 스마트폰에 증권사 앱을 깔고 거래한다.

다음은 KB증권의 공모주 청약 방법을 예로 들은 것이다. 공모주 탭에서 청약 신청을 들어가면 청약과 관련된 질문을 하는데 그 질문에 원하는 것을 체크하고, 신청하면 바로 청약이 가능하다.

KB증권 주식 앱 M-able에서 공모주 청약하기

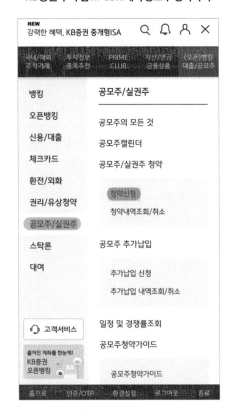

1. 아이의 주식 계좌를 개설한 후 아이가 사고 싶은 주식에 대해 이야기해 보자.

2. 어린이 펀드, 인덱스 펀드(ETF), 우량주 주식, 공모주에 대해 각각 이야기해 보고, 한 가지를 정해 투자를 실행해 보자.

미성년 자녀의 투자!
세금 문제는?

대부분의 아이는 직접 돈을 벌지 않는다. 그 돈은 결국 부모나 친인척의 지갑에서 나왔을 것이다. 이것은 세법에서 말하는 '증여'이다. 통상적으로 부모가 아이에게 주는 작은 용돈이나 친인척이 주는 세뱃돈은 '증여'의 범위에 넣지 않지만 '주식 투자'처럼 은행에서 돈이 오가는 거래에서는 증여세가 적용될 수 있으니 잘 살펴봐야 한다.

다음 표는 10년 동안 세금을 내지 않는 범위에서 최대치로 증여할 수 있는 금액을 나타낸다.

아이가 태어나 10살이 되기 전에 2,000만 원을 증여했다면 세금은 발생하지 않는다. 11세에 다시 2,000만 원, 21세에 5,000만

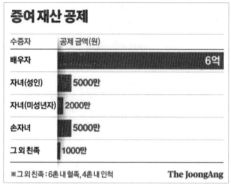

증여 재산 공제

수증자	공제 금액(원)
배우자	6억
자녀(성인)	5000만
자녀(미성년자)	2000만
손자녀	5000만
그 외 친족	1000만

※그 외 친족 : 6촌 내 혈족, 4촌 내 인척

The JoongAng

[표2]

증여세 세율

과세 표준	세율(%)	누진공제액(원)
1억원 이하	10	없음
1억원 초과~ 5억원 이하	20	1000만
5억원 초과~ 10억원 이하	30	6000만
10억원 초과~ 30억원 이하	40	1억6000만
30억원 초과	50	4억6000만

(출처: 중앙일보, 기준일: 2022.01.03.)

원, 31세에 5,000만 원을 무상으로 증여할 수 있다. 즉, 만 30세에 최대 1억 4,000만 원을 합법적으로 무상 증여할 수 있다.

만약 아이가 11살이 되는 해에 1억을 증여했다면 1억에서 10년간 공제받을 수 있는 2,000만 원 [표1 참고]을 빼고, 8,000만 원에 대한 10% 세금이 증여세가 된다.

공제된 금액을 제외하고 1억을 초과하면 누진세가 가산되니 잘 따져 봐야 한다. 만약 성인 자녀에게 2억을 증여했고, 직전 10년 간 증여한 적이 없다면 성인 자녀 증여세 공제액 5,000만 원을 제외한 1억 5,000만 원에 대한 세금이 발생한다. 1억 5,000만 원 중 1억은 [표2]에서처럼 10% 세금을 부과하고, 그 다음 구간에 해당하는 5,000만 원은 20% 세금을 부과한다.

[표2]의 누진공제액으로 계산할 수도 있다. 1억 5,000만 원의 세율 20%에서 누진공제액 1,000만 원을 빼는 방식이다.

1억 5,000만 원 × 0.2 - 1,000만 원(누진공재액)=2,000만 원

그럼 10년에 2,000만 원까지 증여하면 세금을 내지 않는가? 맞다. 그렇지만 2,000만 원을 증여했음을 반드시 신고해야 한다. 증여 신고는 증여가 이뤄진 달 말일부터 3개월 이내에 진행해야 한다. 만약 1월 2일에 증여했다면 1월 31일로부터 3개월 후인 4월 30일까지 증여 신고를 완료해야 한다.

증여 신고는 가족관계증명서나 거래내용증명서를 가지고 세무서를 방문하거나 홈택스 앱을 통해 집에서도 간편하게 신고할 수 있다.

단, 미성년자의 증여 신고는 자녀 이름으로 가입하여 로그인 후 해야 한다. 또한 미성년자의 경우 법정대리인의 휴대전화 인증을 통한 가입만 가능하다.

<국세청 홈텍스 미성년자 증여 신고 방법 정리>

1. 부모의 계좌에서 자녀 계좌로 현금을 이체한다.

2. 국세청 홈페이지에 자녀 이름으로 가입한다.

3. 자녀 이름으로 로그인한 후 증여세 신고를 한다.

(필수서류: 가족관계증명서, 현금 이체 확인증)

① 국세청 홈텍스 메인 화면

신고/납부 → 세금신고 → 증여세

② 증여세 기본정보 입력

일반증여신고 → 정기신고 작성

나머지 해당 빈칸 모두 입력하기

③ 증여재산명세 입력

증여재산의 구분(증여재산-일반)

증여재산의 종류(현금)

평가 방법(현금 등 시가)

증여재산가액(실제 이체한 금액 예를 들어 2,000만 원) → 등록하기

→ 저장

④ 세액계산입력

❶ 증여재산가액 2,000만 원 이외에도 꼭 ❷ 증여재산공제에서 부모의 증여일 경우 ❸ 직계존비속에 2,000만 원을 적어야 한다. 10년 내 2,000만 원을 증여할 경우 증여재산가액 2,000만 원, 직

홈택스 앱 증여세 신고

계존비속 공제액 2,000만 원을 누르면 산출 내역 즉, 세금이 0으로 계산되어 나온다.

⑤ 증빙서류 제출

아이의 주민등록번호, 세금 종류(증여세) 입력 → 신고 내역 → 신고 부속서류 제출 → 가족관계증명서와 이체 확인증 첨부 → 제출하기

가족관계증명서는 주민등록번호 전부 공개로 인터넷 발급하여 처음부터 pdf 파일로 저장한다. 이체 확인증은 해당 은행 스마트폰 앱에서 발급받을 수 있다.

증여 신고를 하면 6개월 내에 국세청에서 신고가 잘 되었는지 보충할 서류가 없는지 등을 검토하고 최종 확정한다. 따라서 증여 신고 후 증여를 확인하기 위해 홈텍스 앱에 들어가도 조회가 안 될 수 있으니 6개월 후 확정 여부를 확인해 보길 바란다.

그럼 왜 필자는 투자에 대해 이야기하다가 갑자기 증여세를 이야기하는 걸까?

우리가 10년 내에 자식에게 세금 없이 증여할 수 있는 금액은 2,000만 원이라고 했다. 세뱃돈이든 용돈이든 2,000만 원을 은행에 두고 증여 신고를 할 수도 있다. 그러나 만약 2,000만 원을 증여한 후 주식을 샀다고 생각해 보자.

주식이 올라 10년 후에 2배인 4,000만 원이 되거나, 20년 후에

1억이 됐어도 늘어난 돈에 대한 증여세는 내지 않는다. 돈이 돈을 번 것이지 부모가 증여한 게 아니기 때문이다.

얼마나 놀라운 일인가? 혁명과도 같은 일 아닌가? 자본주의 사회에서 증여세를 내지 않고 합법적으로 아이에게 돈을 물려줄 수 있다니! 아이의 백일 때 펀드에 넣어 준 2,000만 원이 20년 후 2억이 되어도 증여세는 없다는 말이다. 만세를 불러 보자.

1990년 2월 28일 삼성전자의 주식은 247원이었다. 물론 2018년도에 50대 1로 액면분할(2018년 액면분할 전 삼성전자의 주가는 265만 원이었다. 이것을 50대1로 나누어 1주당 주가를 5만 3,000원으로 거래를 시작했다.)하여 계산이 조금은 복잡하지만 2021년 12월 22일의 종가는 7만 9,400원이 되었다. 액면분할을 고려하여 환산하면 대략 300배 상승했다.

지금 아이에게 2,000만 원을 증여하고 우량주에 30년 넣어 놓는다면 30년 후 증여세 한 푼 없이 얼마를 증여할 수 있는지 상상해 보자. 지금 증여세 2,000만 원을 신고해야 하는 이유를 알 수 있다. 단, 유의할 점이 있다. 내가 아이에게 2,000만 원을 증여하고 신고를 마쳤는데 돈이 필요해 아이의 통장에서 일부를 부모의 통장으로 옮기면 이것 또한 가족 간 증여가 되니 아이에게 증여한 돈은 찾지 않는 것이 좋다.

그러나! 명심할 것!
돈이 많으면 행복할까?

돈! 돈! 돈! 하는 필자의 이야기에 현기증을 느끼는 사람이 있다면 한 템포 쉬어 가는 시간을 가져 보자.

아이와 돈을 공부하고 금융문맹에서 벗어나고자 발버둥치는 당신은 이미 참으로 훌륭한 부모이다.

에드 디너(Ed Diener)라는 긍정 심리학의 대표 학자는 새로운 집으로 이사를 하면서 어떤 조건보다 우선적으로 하이킹 도로와 인접한 집을 선택했다고 한다. 그는 가족과 하이킹 도로를 따라 자주 산책하면서 행복을 만끽했다. 그는 제자리에 멈춰 있는 사람에게 행복은 금세 사라져 버린다고 했다. 무언가를 시도하고 도전할 때 인간은 행복을 느낀다는 것이다.

로또에 당첨되면 행복할까? 물론 필자는 로또에 당첨되면 투자, 재투자를 통해 재산을 증식하고, 사회사업을 하고 싶은 포부를 갖고 살 것 같다. 하지만 과연 내가 노력하지 않은 결과로 얻은 '부'에 대한 행복이 얼마나 갈지는 의문이다.

'Lotto'는 '행운'이라는 이탈리아어 유래됐는데, 실제 로또 당첨자들의 행운이 비극으로 끝나는 경우도 많았다. 역대 로또 당첨자들 중에는 자살이나 음주로 인한 심장마비, 이혼, 도박 등으로 인생을 망치는 사례를 자주 듣게 된다.

'트레드밀 위의 행복(Happiness on a treadmill)'이라는 말이 있다. 트레드밀은 우리가 일반적으로 아는 런닝머신이다. 런닝머신에서 우리는 달리고 달린다. 하지만 런닝머신으로 달린 만큼 거리 위에 펼쳐져야 할 다른 세상은 없다. 같은 자리를 뛰고 또 뛸 뿐이다. 결국 트레드밀 위의 행복은 우리가 아무리 많은 돈을 벌고 많은 업적을 이루어도 '행복'이라는 관점에서는 런닝머신에서 뛰어봤자 제자리인 것처럼 항상 같은 자리에서 못 벗어난다는 뜻이다.

오랜만에 아이의 어릴 적 사진과 돌잔치에서 받은 금반지를 보면서 우리 가족은 참 행복하다고 생각이 든다면 당신은 성공한 인생을 살고 있다. 아이의 돌반지를 꺼내 보며 '요즘 금 시세가 얼마지? 이걸 팔면 얼마나 받을 수 있을까?'가 먼저 생각난다면 조금

슬퍼진다.

아이와 돈에 대해 공부하면서 돈을 쫓기보다는 아이의 미래를 설계하고 아이와 추억을 쌓는 일, 아이의 욕망을 부추기는 게 아니라 아이와의 행복한 미래를 설계하는 일이 꼭 필요하다.

생애 주기별 재무 관리

생애 주기란 사람이 태어나 성인이 되고, 사회에 나와 취업과 결혼을 하고, 자녀를 낳아 독립시킨 후 다시 부부가 노후를 맞는 라이프 사이클(Life cycle)을 말한다.

생애 주기와 재무 관리를 이해해야 하는 이유는 인간은 생애의 각 단계에 욕구와 목표가 다르고 가지고 있는 자원 또한 다르기 때문이다.

미혼 직장인이라면 결혼 자금을 모으는 일이, 신혼기에는 주택 마련과 자녀 양육비 또는 재테크가 주된 재무 목표가 될 것이다. 중장년이 되어 자녀가 성장할수록 아이들의 교육비와 은퇴 자금 마련, 노후 준비와 제2의 인생을 설계하기 위한 재무 목표를 세워야 한다.

생애 주기별 소득과 지출의 차이가 크고 상황에 따라 변동이 생기므로 각 시기에 기대하는 생활 수준을 달성하기 위해서는 재무 설계를 시기별 철저한 계획 세우기, 장기 목표까지 고려하는 재무 설계가 필수적이다.

보통 재무 설계에 관한 책을 보면 사회 초년생들에게 본인 이름의 계좌를 만들라는 조언부터 시작된다. 최근에 나오는 책들도 그러하니 필자는 절로 한숨이 나온다. 성년이 된 혹은 사회생활을 시작하는 청년들에게 은행 계좌를 만들라니 이건 대체 1980년대 수준에 머무르고 있는 이야기 아닌가?

재무 설계는 아이가 태어난 순간부터 시작되어야 한다. 아니, 아이가 잉태된 순간부터 태교 과정에 꼭 들어가야 한다. 필자의 개인적인 바람이 있다면 아이의 임신을 축하하며 친구들이 해 주는 베이비 샤워라는 파티에서 아이의 내복과 아기 신발 대신 아이 평생의 종잣돈이 될 시드머니를 선물해 주면 참 좋겠다. 부모는 친인척들에게 받은 아이의 탄생 축하금을 합쳐 아이의 출생신고를 하자마자 기본증명서를 떼고 은행에서 아이 이름의 계좌를 만들어 입금한다. 이후 어린이 펀드에 가입하고 백일과 돌잔치에서 받은 축하금, 세뱃돈, 용돈을 모아 바로 펀드에 투자하거나 시드머니가 될 통장에 넣는다. 그리고 펀드든 주식이든 좋은 곳간을 골라 돈을 모으고 굴린다.

아이를 데리고 시장이나 마트에 가서 좋은 소비의 모습을 보여주고 말을 알아듣기 시작하면 '돈' 공부를 시작한다.

아이가 용돈을 관리하며 소비와 지출을 통제할 수 있게 되면 부모와 '투자'를 해 보고 사업가로의 도전도 해 본다. 생애 주기별 재무 설계에 태아기를 놓쳤다면 사회 초년기부터가 아니라 최소한 아동기부터는 재무 설계가 시작되어야 함을 강조하고 싶다.

필자는 20년간 교직에서 아이들을 가르치며 정말 앞만 보며 달려왔다. 드라마도 배우고, 글도 쓰고, 아이도 키웠지만 학교 일에 최선을 다했고 좋은 선생님으로 나의 역량을 쥐어짜고 또 짜냈다. 어느 날은 퇴근 후에 심장내과에 들러 심초음파를 찍을 정도로 스트레스에 시달린 적도 있고, 주말에도 학부모 민원에 시달리느라 고통에 몸부림친 적도 있다. 학부모들은 교사를 24시간 콜센터로, 공무원이니 당연히 24시간 전화를 받아야 하는 사람으로 여기곤 했고 그러다 보니 진이 빠졌다. 진이 빠지면서 매너리즘에 빠지기도 했고, 에너지가 소진되니 아이들을 가르치는 데 마이너스가 되었다. 시간이 흐르니 학부모들에게 어느 정도 친절함의 선을 지키며 에너지를 분배했다. 냉정하다는 뒷말을 듣기도 했지만 반 아이들에게 쓸 에너지가 필요했다. 어른들 모두의 사연을 들어주기에는 내 몸은 하나였기 때문이다.

요즘 20대 선생님들은 정말 똑똑하다. 특목고, 자사고 출신의 선생님들에 원어민과 영어로 술술 대화하는 건 기본이다. 컴퓨터는 전문가 수준으로 다루고, 악기는 기본적으로 하나씩은 프로급으로 다룬다. 그들을 볼 때 필자의 초창기 교사 시절이 떠오른다. 제발 그들이 퇴근 후에는 전화기를 끄고 자신의 재능을 살리고 몰두할 수 있는 일을 찾기 바란다.

어떤 직업인이든 마찬가지겠지만 20대 직장인들은 열심히 그 직업에 몰두해야 한다. 최선을 다하는 것이 맞다. 그러나 우리 인생은 길고 세상에는 정말 할 일이 많다. 퇴근 후에는 모두 자기 개발을 해야 한다. 어떤 직업을 가진 젊은이든 긴긴 인생에서 여러 파이프라인의 설계도를 그려야 한다.

그래서 필자가 만든 생애 주기별 재무재표에는 파이프라인 설계를 20대에 넣었다. 딱히 돈이 안 되는 설계 과정일 뿐이지만 20대에 심어 놓은 파이프라인이 30대에는 여러 갈래의 소득을 가지고 오는 물줄기가 되기 때문이다.

각 은행마다 어린이 고객을 확보하기 위해 통장을 개설하면 1만 원을 주는 이벤트가 있다. 필자도 아이들이 어릴 때 1만 원을 받고 아이 이름의 통장을 개설했다. 보통 이벤트로 만들어 주는 통장은 청약 저축인데 필자는 이를 사회 초년기 재무 설계에 적어 놓았다. 이유는 스무 살 이전에 만든 청약 통장은 불입 횟수가 아무리 많아도, 가입 년수가 아무리 길어도 2년만 실적으로 인정해 주기 때문이다. 굳이 스무 살 이전에 만들어 다른 투자 기회를 놓칠 필요는 없다고 생각한다. 물론 이 부분은 각자 알아서 판단할 몫이다. 가장 효율적인 건 만 17세가 되는 생일 직전에 가입하는 것이다. 태어나자마자 가입하든, 만 17세에 가입하든 인정되는 기간이 2년이니 목돈을 묵힐 필요가 없다.

단, 명심할 점은 만 17세 생일 직전에 가입하는 사람은 성인이 되어 가입하는 사람보다 청약 점수 2점을 추가로 얻고 시작할 수 있다.

민간 분양 청약 가점 Tip!

· 청약 통장 가입 기간 (17점)
 → 청약 통장 가입 기간 (6개월 미만 : 기본점수 1점, 6개월~일년 : 2점,
   그 이후 매년 일 년씩 추가, 가입 기간 15년이면 최대 17점)
· 무주택 기간(32점)
· 부양가족 수(35점)
* 공공 분양은 통장 납입 금액이 많은 순

30대에는 시스템화 된 소득 창구를 구축해 놓아야 한다. 내가 미래에 직접적인 노동으로 돈을 벌지 않아도 스스로 돈을 벌 수 있는 시스템을 작게라도 만들어 놓아야 한다. 펀드와 주식에 투자하고 작은 상가, 부동산을 매입하거나 출판, 강연, 인스타그램이나

블로그를 확장시켜 미래를 위한 소득원을 탄탄히 준비한다.

40대에는 시스템이 벌어들이는 안정적인 소득을 통해 부를 축적하고 활발한 재테크와 투자, 내 아이의 재무 설계를 함께한다.

50대에는 재취업이나 자산 배분을 점검하고 상속자산과 세금 문제를 점검한다.

60대는 제2의 인생과 봉사, 여가, 노후 자금, 주택 규모 재설계 등의 재무 설계를 한다.

생애 주기별 주요 재무재표

생애 주기	재무 목표	재무 설계
아동기 (~10세)	·돈에 대한 이해 ·돈에 대한 올바른 가치관 정립 ·시드머니 마련 ·용돈 관리	·부모와의 '돈' 공부 ·용돈 관리를 통한 지출 통제 ·저축과 투자의 시작 ·주식 계좌, 은행 계좌 만들기 ·어린이, 주니어 펀드 가입
청소년기 (11~20세)	·시드머니 확장 ·사업가 정신과 도전 ·투자 실천	·사업가로의 도전 ·직접 투자 실천
사회 초년기 (20대)	·독립 자금 마련 ·결혼 자금 마련 ·파이프라인에 대한 접근	·주택청약 가입 ·부채 관리 중요성 인지 ·재투자 방향 설정 ·펀드, 주식 투자 ·자신의 재능을 살린 파이프라인 구축

신혼기 (30대)	·주택 구입 자금 마련 ·육아 비용 마련 ·자녀 교육비 마련 ·투자 실천(시스템화 된 소득 창구 구축)	·합리적 소비 지출 ·주택청약 ·세제혜택 상품 파악 ·IRP(개인연금) 가입 ·자신의 재능을 살린 파이프라인 소득
자녀 성장기 (40대)	·자녀 교육비 마련 ·주택 규모 넓히기 ·파이프라인 활성화 (시스템화 된 소득 창구) ·은퇴 설계 자금 마련	·재산 증식 ·자산 배분 ·세금 절세 ·은퇴 설계 ·상속, 증여 상담
가족 성숙기 (50대)	·자녀 결혼 자금 마련 ·자녀 대학 교육비 마련 ·시스템화 된 소득 창구의 안정성	·자산 배분 점검 ·노후를 위한 보험 점검 ·상속 자산 점검 ·재취업 설계
노후생활기 (60대 이후)	·노후 생활 ·상속 설계 ·사회봉사, 기부 계획 ·편안한 여가활동	·노후 자금 점검 ·안정성 자산과 공격적 자산의 합리적 배분 ·상속 자산 분배 ·간병, 의료 서비스 점검 ·봉사 및 여가 활동 설계 ·주택 규모 점검 및 설계

경제 개념 깨우는 실전 대화

관심 있는 기업에 주주가 되어 볼까?

딸 : 엄마! 이번 어린이날 선물로 디즈니 인형 사 주세요.

아들 : 엄마! 저는 로블록스 피규어요.

엄마 : 너희들 작년 어린이날 선물 지금 어디 있는지 아니?

아이들 : (침묵)

엄마 : 그것 봐. 그때는 정말 갖고 싶고 없으면 큰일 날 것처럼 말해 놓고 지금 까마득히 잊어 버린 거.

딸 : 엄마, 그래도 이번 디즈니 인형은 정말 예쁘단 말이에요.

아들 : 저도요. 로블록스 피규어 신상 나왔어요. 사 주세요. 네?

엄마 : 애들아. 어차피 일 년 지나면 잊혀지고 관심도 없어질 물건 사지 말고, 우리 디즈니랑 로블록스 회사를 살까?

딸 : 엄마! 우리가 어떻게 회사를 사요.

아들 : 그 회사 엄청 비싸지 않아요? 우리가 살 수 있어요?

엄마 : 그럼 살 수 있지(주식 계좌 보여 주며). 자 이걸 볼래? 엄마가 가지고 있는 회사들이야.

딸 : 삼성전자, SK하이닉스… 이 회사를 엄마가 가지고 있다고요?

엄마 : 응 맞아. 여기 숫자 보이지? 엄마가 삼성전자를 100주, SK하이닉스를 50주 가지고 있다는 뜻이야.

아들 : 100주? 주가 뭐예요?

엄마 : 회사는 운영하는 데 필요한 돈을 만들기 위해서 '주식'이라는 걸 발행하거든. 그런 회사를 '주식회사'라고 하지. 회사가 주식 시장에 '주식'을 내 놓으면 우리는 그걸 살 수 있어. 그럼 우리가 그 회사의 일부분을 사는 것과 같은 거야.

딸 : 와! 그럼 디즈니 회사도 살 수 있는 거예요?

엄마 : 그럼! 여기 디즈니 회사의 주식이 있어. 이걸 너희가 살 수 있는 거지.

아들 : 로블록스도 있어요?

엄마 : 여기 있지.

딸 : 엄마! 저 그럼 디즈니 회사 사 주세요.

아들 : 저도요. 로블록스 회사 사 주세요.

엄마 : 그럼 우리 이번 어린이날에는 장난감 대신 너희가 원하는 회사의 주식을 사 보는 거다. 알았지?

2020년 삼성전자의 20대 미만 주주는 11만 5,083명으로 전체 주주의 5.34%를 차지해 최근 5년간 90배 가까이 증가했다. 네이버의 20대 미만 주주는 1만 4,423명으로 전체의 3.37%를 차지했다.

자녀에게 주식 계좌를 만들어 주는 부모가 많아지면서 올해 주주 총회

장엔 부모의 손을 잡고 온 어린이 주주들이 꽤 눈에 띄었다.

어린이날엔 아이들에게 장난감 대신 장난감을 만드는 회사의 주식을 선물해 주면 어떨까? 장난감 자동차 대신 현대나 기아처럼 자동차 회사 주식을 선물해 준다면? 게임 현질 대신 게임 회사 주식을 선물해 준다면? 10년 후엔 투자금의 몇 배가 되어 내 아이의 시드머니가 되어 줄 귀중한 자산이 되지 않을까?

아이들이 로블록스라는 게임에 빠져 있다면 'Roblox' 회사 주식에 투자해 보자. 아이가 디즈니 영화 개봉을 손꼽아 기다리고, 디즈니 캐릭터 인형을 좋아한다면 월트 디즈니 주식에 투자해 보자.
요즘 아이들이 중학 입학 선물로 가장 갖고 싶어 하는 선물이 애플사의 태블릿이라고 한다. 태블릿이 꼭 필요하면 저사양으로 사 주고, 애플 주식에 투자해 보자. 코로나19로 국내와 해외 주식의 가격 부담이 낮아진 시기를 잘 이용하면 투자 메리트가 있을 것이다.

무엇보다 시기가 지나면 시들해질 장난감에 투자하는 것보다 미래 가치가 있는 것에 아이와 함께 관심을 기울여 보자. 작은 시작부터 이야기 나누며 가족이 함께 성장할 수 있는 것에 시간을 투자해 보자.

아이는 투자한 기업의 가격이 변하는 이유가 무엇인지를 이해하면서 경제의 흐름을 어렴풋이 알게 된다. 그리고 경제와 정치, 사회의 이슈가 함께 움직인다는 것도 깨닫게 된다. 외우거나 따로 공부하지 않아도 저절로 세상을 바라보는 거시적인 관점을 갖게 된다.

아이가 좋아하는 회사의 주식에 투자한 것뿐인데 저절로 사회, 경제 교육을 시키고 대화를 나눌 수 있는 가족의 시간도 만들 수 있다.

단지 아이와 '돈'만을 위한 것이 아니라 '돈'과 '공부', '미래'를 함께한다는 생각으로 주식 투자를 바라보고 아이가 좋아하는 기업의 주주가되어 보는 건 어떨까?

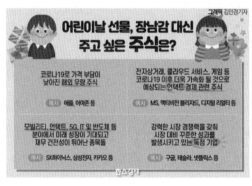

(출처: 한스경제, 2020.5.4.)

Part5

돈 가치 있게 쓰는
아이로 키우기,
기부

내 아이 행복한
부자로 만들기

유대인들은 아이가 태어나면 두 개의 저금통을 선물한다. 하나는 아이의 저축 습관을 위한 저금통, 하나는 가난한 사람을 위한 '체다카(히브리어로 푸시케)'라는 저금통이다. 용돈을 받으면 내 저금통이 아닌 체다카에 먼저 돈을 넣는다. 내가 아닌 약자를 위한 '기부'가 우선인 것이다.

유대인의 아이는 태어나자마자 부자가 되기 위한 돈을 모으면서 행복한 부자를 연습한다. 타인과 함께 행복해지기 위한 저금통을 준비하면서 '돈'은 나만을 위한 것이 아닌 '사회'를 위해 함께 모아 가는 것임을 체득한다.

유대인들은 나쁜 부자와 선한 부자가 있다고 생각한다.

피가 온몸을 타고 흘러야 신체가 건강하듯 돈도 고여 있으면 썩는다. 돈이 계속 흘러야 사회가 건강해질 수 있다고 가르친다.

우리는 가끔 '노블레스 오블리주(Noblesse oblige)'라는 말을 접한다. 높은 사회적 신분에 따르는 도덕적 의무와 책임을 말하는 프랑스어로, 부자들의 '기부'와 '도덕성'을 찬양하기도 한다.

우리는 사회 속에서 살고 있다. 높은 사회적 신분과 부를 유지하며 그 신분으로 살아가는 것은 많은 사람들의 희생과 노력이 있어서 가능하다. 그들을 지지해 주는 수많은 사람들 때문에 역설적으로 그들의 높은 신분과 부가 유지된다는 뜻이다. 그래서 부자는 자신의 부가 온전히 자신만의 노력으로 이루어진 게 아닌 사회의 노력이 보태어 만들어진 사실임을 인정하고 베풀어야 한다.

세계 억만장자 기부 클럽인 '더 기빙 플레지(The Giving Pledge)'가 있다. 10억 달러 이상 재산가로 재산의 절반 이상을 기부하기로 한 사람들의 모임이다. 체다카의 가르침 때문일까? '더 기빙 플레지' 회원의 3분의 1이 유대인이라고 한다. 우리가 잘 알고 있는 '빌 게이츠'도 이 클럽의 회원이다.

아직 우리나라에서 기부는 낯선 문화이기는 하다.

'더 기빙 플레지'에 한국인은 딱 한 명이 가입되어 있다. 아직은 내 돈을 지키고 그 돈을 후손에게 상속하는 게 최고라고 생각하는 사람들이 더 많은 것 같다. 돈을 모으고 지켜야 '부자'가 된다고 생각한다. 그러나 세계의 거대 부자들 다수가 '기부'를 실천하고 있다는 걸 보면 참 아이러니한 것도 사실이다.

우리가 부자가 되기 위해 부자의 삶을 본받고 따라야 한다면 아이와 함께 '버는 것'만 따를 것이 아니라 '기부'하는 것도 따라야 한다. 그래야 작은 부자가 아닌 큰 부자가 될 수 있다. 그래야 내 아이가 나쁜 부자가 아닌 선한 부자가 될 수 있다.

우리가 잘 알고 있는 유대 경전 탈무드 1장 '씨앗' 편에는 추수를 할 때 떨어진 낟알은 다 주워 가지 말고 남겨 두라고 전한다. 유대인 가게는 안식일을 맞이하는 금요일 오후에 물건들을 봉지에 싸서 문 앞에 놓고 가게 문을 닫는다고 한다. 가난한 사람을 위한 배려이다.

생각해 보면 우리 조상들도 늦가을 감을 수확하면서 새들의 먹이인 '까치밥'을 남겨 뒀다. 유대인의 타인을 배려하는 '씨앗' 정신이 우리 조상들의 삶 속에도 있었다. 또한 우리 조상들은 비 오는 날 지푸라기로 만든 우의를 두 개 겹쳐 입고 다녔다고 한다. 비를 맞고 있는 누군가에게 하나를 벗어 줄 요량에서 말이다. 얼마나 따뜻한 나눔인가!

어떻게 하면 내 아이를
존경받는 부자로 키울까?

동화 《크리스마스 캐롤》속 스크루지 영감은 세계적인 자린고비의 상징이다. 그는 '어떻게 하면 돈을 많이 모을까'를 생각하며 자신과 주위 사람에게 늘 인색했다. '어떻게 하면 돈을 의미 있게 쓸것인가?'를 한 번도 고민하지 않았던 대가로 그는 자신의 처참한 종말을 예언하는 유령을 만난다.

스크루지는 자신의 죽음에 슬퍼하지 않고 오히려 좋아하는 사람들의 미소에 충격에 빠지고, 자신이 가진 물질적인 것은 죽음과 함께 아무 가치도 없다는 걸 깨닫게 된다. '나눌 줄 모르는 삶'은 그의 눈앞에 마지막을 처참한 모습으로 보여 주었다.

《크리스마스 캐롤》이 발표된 1843년 이후 영국에서는 '기부' 붐이 일었다. 영국의 부자들이 스크루지에 자신의 삶을 투영하면서 성찰하기 시작한 것이다.

혹시 아이와 함께 이 동화책을 끝까지 읽어 본 사람이라면 처음에는 일그러지고 잔뜩 화가 난 스크루지의 얼굴이 책의 마지막 장에는 온화한 모습으로 변한 것을 눈치 챘으리라. 자신이 가진 것을 나누고 주변의 소중한 사람들을 돌보는 기쁨을 깨달은 스크루지 영감은 이 동화에서 가장 '행복'한 사람이 되었다. 스크루지에게 보너스를 받고 선물을 받은 직원이나 그들의 가족보다 가장 행복해 보이는 사람은 스크루지였다. 한번도 '의미 있게' 돈을 써 본 경험이 없던 스크루지가 난생처음 '의미 있는' 돈을 쓴 순간 행복이 찾아왔다.

부모라면 내 아이가 외롭더라도 부자만 되면 된다고 생각하는 사람은 없다. 풍요롭고 온화하며 윤택하고 주변에 좋은 사람들과 함께하는 삶, 사회적인 책임을 다하는 삶을 살기를 바란다. 그래서 우리는 '돈'이 물건을 사는 소비에만 국한된 것이 아니라 '세상을 행복하게 하는 도구'로 쓰임이 있음을 가르쳐야 한다.

내가 누군가를 위해 기부하는 행위에서 오는 행복감, 그것으로 세상이 조금 더 발전하고 다른 사람을 행복하게 만들 수 있다는 '돈의 가치'를 이야기 나누어야 한다.

세상 모든 곳에 신이 존재할 수 없기에 엄마가 있다고 한다. 세상 모든 곳에 신이 존재할 수 없기에 스스로가 존재한다고 아이들에게 교육하면 아이들은 자신이 누군가에게 꼭 필요한 사람이라는 사실에 효능감과 만족감을 느낄 수 있다. 기부를 통해 내가 누군가에게 꼭 필요한 사람이라는 걸 아는 아이는 자존감이 높아지고 뚝심이 있는 아이로 성장한다. 또한 미래의 리더로서의 기본 소양을 다지게 된다. 어릴 때부터 부모와 함께 용돈의 일부를 기부하고, 가진 것을 나누는 활동과 돈의 가치를 이야기하면서 아이들은 존경받는 부자로 한걸음 나아갈 것이다.

기부의 미학

기부는 어떻게 해야 할까?

교실 속 아이들을 보면 친구들이 어려움을 겪을 때 슬기롭고 민첩하게 행동하는 아이들이 있다. 가령 문을 열어야 하는데 양손에 물건을 들고 있다면 대신 문을 열어 주거나 한 손에 든 물건을 들어 주는 행동 같은 것 말이다. 공부를 하다 친구가 연필이나 지우개가 없다고 하면 조용히 필기구를 빌려주는 친구가 있는가 하면 "선생님 쟤 연필 안 가지고 왔대요." 하고 놀리는 아이가 있다.

내 아이는 어떤 아이에 속할까?

기부는 '배려'라는 마음에서 우러나온다. 타인을 생각하고 내가 가진 것을 나누려는 마음 말이다. 기부는 '나눔'이라는 따뜻한 마음에서 시작해야 한다. 친구에게 학용품을 빌려주거나 과자 파티를 하는 날 과자를 가지고 오지 않은 친구에게 같이 먹자고 하는 것, 비 오는 날 우산이 없는 친구가 있다면 같이 쓰고 걸어가는 것, 몸이 불편한 친구가 보건실에 갈 때 동행해 주거나 지하철 자리를 양보해 주는 것이 '기부'의 시작이다.

아이는 부모의 등을 보고 자란다고 했다.

며칠 전 아이와 길을 가는데 한 노인이 폐휴지를 가득 실은 수레를 끌다 바퀴가 턱에 걸려 끙끙 대는 모습을 보았다. 필자는 아이의 손을 놓고 기꺼이 수레를 밀었다. 수월하게 턱을 넘어간 노인은 뒤도 돌아보지 않고 가셨지만 아이는 날 보며 씩 웃어 주었다. 가끔 나는 프라이팬이나 냄비 등 무거운 고철 쓰레기가 나올 때 폐휴지를 모으는 노인을 찾아 나서곤 한다. 개인적으로 고물상에 팔 수도 있고, 누군가는 뭐 그렇게까지 하냐고 할 수도 있겠지만 나는 타인을 배려하는 이런 나눔이 사회를 행복하게 한다고 절대적으로 믿는다. 그리고 내 아이가 나의 나눔에 대한 생각을 닮은 좋은 어른으로 커 가길 바란다.

기부는 어디에 해야 할까?

기부에 대한 마음도 공부했고 돈도 모았다면 어디에 기부해야 할까? 그건 가정에서 가장 중요하게 생각하는 '가치'가 무엇인지 아이와 함께 고민해 보고 결정해야 한다. 물론 주변 이웃에게 기부해서 달라지는 모습을 눈으로 확인하는 게 가장 좋겠지만 쉽지 않은 일이다.

아이와 여러 기부할 곳을 찾는 것도 교육이다. 미혼모센터나 이른둥이(미숙아)들이 살고 있는 곳, 고아원, 양로원, 아프리카에 학교를 짓는 곳, 오염된 물로 고통 받는 곳에 깨끗한 물을 제공할 수 있도록 펌프를 설치하는 곳, 또래의 아이들이 학교를 다닐 수 있게 도와주는 곳 중에 선택해도 좋다. 우리나라 산불 피해 주민을 돕거나 우크라이나 전쟁 피해자를 돕는 일 등 사회적 이슈와 관련된 곳에 기부하면 아이들이 '기부'의 의미를 체감할 수 있다.

기부할 물품 단체별 정보

- 국제협력개발협회(어머나운동본부) : 소아암 환자를 위한 모발
  http://www.givehair.net
- 아름다운 재단 : 옷, 책, 장난감
  https://beautifulfund.org
- 나눔코리아 : 생필품, 학용품, 장난감, 책
  http://www.nanoomkorea.or.kr
- 옷캔 : 옷
  http://otcan.org
- 사랑의 책 나누기 운동본부 : 책
  http://www.booknanum.org

- 베이비트리 : 책가방과 학용품
  http://babytree.hani.co.kr
- 한국유니세프 : 우크라이나 어린이 돕기
  https://www.unicef.or.kr
- 초록우산어린이재단 : 국내외 구호활동
  https://www.childfund.or.kr
- 월드비전 : 국내외 아동후원
  https://www.worldvision.or.kr
- 굿네이버스 : 국내외 교육, 인도적 지원
  https://www.goodneighbors.kr

지속 가능한 기부의 약속

기부는 일회성이 아닌 습관이고 삶 자체여야 한다. 아이의 용돈으로 기부가 이루어졌다면 아이 이름으로 기부증서를 받고, 아이의 노력으로 누군가에게 행복이 찾아왔음을 확인시켜 주고 칭찬해 줘야 한다.

1. 장난감과 옷을 일 년에 한 번씩 정리하여 기부한다.
2. 기부를 위한 저금통이 채워지면 무조건 기부한다. 그리고 다음 기부 금액과 시기 등의 목표를 세운다.
3. 부모도 소득의 일정 금액을 가족 이름으로 기부한다.
4. 부모의 생일에 아이에게 '기부'를 선물로 요구한다.

최근엔 아이의 백일이나 돌에 쌀이나 현금을 기부하는 사람들도 있다. 반대로 부모가 받을 선물을 대신해 아이들도 기부할 수 있는 기회를 줘 보자.

5. 아이와 '기부' 이벤트를 기획한다.

'어떻게 하면 더 의미 있는 기부를 할 수 있을까?', '어떻게 하면 더 많은 사람들에게 도움을 줄 수 있을까?' 의논해 본다.

슈퍼리치 만들기 프로젝트 10

1. 기부할 곳을 찾아보거나, 위에서 언급한 단체 중 한 곳을 정해 아이와 함께 기부 계획을 세워 보자.

2. 기부를 실천한 후 '기부의 의미'에 대해 이야기를 나눠 보자.

경제 개념 깨우는 실전 대화

당장 실천할 수 있는 기부는 뭐가 있을까?

엄마 : 얘들아 이리 와 봐! 엄마가 10년 동안 후원한 언니가 이제 어른이 되었대.

아들 : 와! 그 누나 이제 어른이 되었네요.

엄마 : 응! 그래. 이제 이 누나는 스스로 돈을 벌 수 있는 어른이 되어서 엄마는 스리랑카에 있는 다른 친구를 후원하기로 했단다.

딸 : 스리랑카요?

엄마 : 응. 우리처럼 아시아에 있는 나라인데 그곳에 사는 한 친구는 공부를 하고 싶은데 돈이 없어서 학교를 못 다닌대. 그리고 깨끗한 물을 구하려면 먼 곳까지 걸어가야 한다는구나.

딸 : 아…. 그럼 우리가 도와요.

아들 : 엄마! 우리 기부 저금통이 꽉 찼어요.

엄마 : 그래. 이제 저금통에 있는 돈을 깨끗한 물을 얻을 수 있는 펌프 시설을 만드는 데 보내 볼까?

아이들 : 좋아요.

딸 : 엄마! 그리고 또 우리가 할 수 있는 일은 뭐가 있을까요?

엄마:　웅. 우리가 이제 안 쓰게 된 물건이나 작아진 옷을 모아서 팔거
　　　나 학용품을 모아서 보내 보면 어떨까?

유대인의 기부를 위한 저금통 '체다카'는 다른 말로는 '정의'를 뜻한다.
즉, 나눔이 곧 '옳은 일'이라는 뜻이다.

가장 손쉽게 할 수 있는 기부는 부모가 당장 전화기를 들고 자선단체에
한 달에 2~3만 원씩 매달 기부 약속을 하는 것이다.

필자는 교사가 되자마자 기부를 시작했다. 당시 1대1로 결연을 맺었던
에디오피아 아이는 성인이 되어 자립했다. 이번엔 스리랑카 소녀를 후
원하고 있다. 필자의 서재에는 스리랑카 소녀의 성장 사진이 전시되
어 있다. 아이들도 부모가 하는 기부를 보며 다른 단체에 기부를 시작
했다. 분기에 한 번씩 혹은 크리스마스나 아이의 생일에 내가 매월 보
내 주는 적은 돈의 기적을 '성장소식지'로 받아 볼 수 있다. 아이가 변화
하고 있는 모습, 마을 공동체가 건강하게 살아가고 있는 모습을 보면서
아이들과 '나눔'의 행복에 대해 이야기를 나눈다. 그들보다 우리 가정
이 더 행복해지는 느낌을 받을 때면 '기부'의 필요성을 실감한다.

한 번도 파마나 염색을 하지 않은 아이라면 모발 기부는 어떨까?
필자의 딸은 배냇머리를 길러 초등 입학 전에 소아암 환자의 가발을 만
드는 곳에 머리카락을 기부하였고, 중학교 입학 전 한 번 더 기부하기
위해 지금 머리 기르기에 도전 중이다.

부끄럽지만 필자는 매년 겨울이면 '산타이모' 활동을 한다.

처음에는 동네 아이들을 위해 작은 선물을 배달했는데 2016년부터는 딸아이와 동갑인 보육원 아이와 인연이 되어 아이가 갖고 싶어 하는 선물을 사서 전하고 있다.

처음 만났을 때 강아지 인형을 받고 싶어 하던 아이가 신발을 받고 싶어 하고, 210cm의 작은 발이었던 아이가 그 다음 해에는 필자보다 더 큰 사이즈의 옷을 사달라고 했다. 정말 마음이 한없이 뭉클했다. 아주 부끄럽고 작은 마음이지만 아이의 성장에 내 마음이 1%는 자리하고 있다는 것에 작은 기쁨이 느껴졌다.

후원 성과를 보여 주는 리포트

30cm 정도의 머리카락 기부

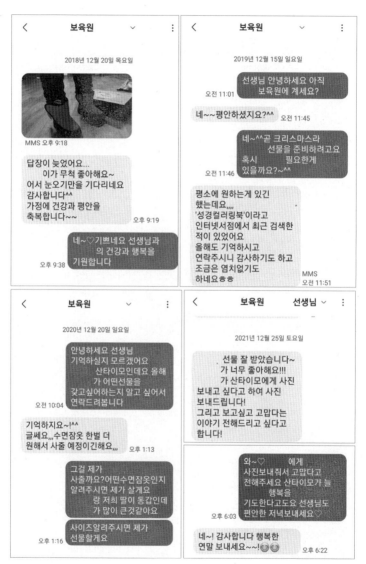

보육원 ✕ ⋮

2018년 12월 20일 목요일

MMS 오후 9:18

답장이 늦었어요...
이가 무척 좋아해요~
어서 눈오기만을 기다리네요
감사합니다^^
가정에 건강과 평안을
축복합니다~~
　　　　　　　　　　오후 9:19

네~♡기쁘네요 선생님과
　　의 건강과 행복을
기원합니다
오후 9:38

보육원 ✕ ⋮

2019년 12월 15일 일요일

선생님 안녕하세요 아직
보육원에 계세요?
오전 11:01

네~~평안하셨지요?^^　오전 11:45

네~^^곧 크리스마스라
선물을 준비하려고요
혹시　　　　필요한게
있을까요?~^^
오전 11:46

평소에 원하는게 있긴
했는데요,,,,
'성경컬러링북'이라고
인터넷서점에서 최근 검색한
적이 있었어요
올해도 기억하시고
연락주시니 감사하기도 하고
조금은 염치없기도
하네요ㅎㅎ　　　　　MMS
오전 11:51

보육원 ✕ ⋮

2020년 12월 20일 일요일

안녕하세요 선생님
기억하실지 모르겠어요
산타이모인데요 올해
가 어떤선물을
갖고싶어하는지 알고싶어서
연락드려봅니다
오전 10:04

기억하지요~!^^
글쎄요,,,수면잠옷 한벌 더
원해서 사줄 예정이긴 해요,,,
오후 1:13

그걸 제가
사줄까요?어떤수면잠옷인지
알려주시면 제가 살게요
　　　랑 저희 딸이 동갑인데
가 많이 큰것같아요

사이즈알려주시면 제가
선물할게요
오후 1:16

보육원　　선생님 ✕ ⋮

2021년 12월 25일 토요일

선물 잘 받았습니다~
가 너무 좋아해요!!!
가 산타이모에게 사진
보내고 싶다고 하여 사진
보내드립니다!
그리고 보고싶고 고맙다는
이야기 전해드리고 싶다고
합니다!

와~♡　　　에게
사진보내줘서 고맙다고
전해주세요 산타이모가 늘
행복을
기도한다고도요 선생님도
편안한 저녁보내세요♡
오후 6:03

네~! 감사합니다 행복한
연말 보내세요~~!☺️☺️　오후 6:22

산타이모 활동하며 아이와 주고받은 문자

Part6

바로 실천하는
우리 집
경제 교육

보도섀퍼의 《12살에 부자가 된 키라》라는 동화책에는 어린이 키라가 경제에 눈을 뜨는 과정이 재미있게 그려져 있다. 키라는 강아지 한 마리를 키우게 되는데 강아지는 신기하게도 '머니'라는 말에 반응한다. 그래서 키라는 강아지의 이름을 '머니'라고 짓는다. 어느 날부터인가 키라에게는 강아지 '머니'가 하는 말이 들리기 시작하고, 키라는 '머니'가 알려 준 대로 부자 할머니에게 돈을 버는 법도 배우고 자신이 알게 된 방법으로 친구들과 함께 돈을 벌기 시작한다. 지혜로운 부자 할머니는 아이들이 번 돈을 어떻게 관리하는지, 어떻게 하면 더 큰 부자가 될 수 있는지를 알려 준다.

이 동화를 보면서 누군가 옆에서 계속 '경제 교육'을 하라고, 최대한 빨리 아이의 손을 잡고 아이 이름의 은행 통장을 만들고, 아이 이름의 펀드와 주식 계좌를 만들라고 떠드는데 귀를 닫고 있는 사람들이 떠올랐다.

한 마디로 "너는 떠들어라. 나는 내 길을 가련다."라는 느낌으로 말이다.

키라는 누군가는 '개소리'라고 하는 '머니'의 소리에 귀 기울였다. '머니'가 아무리 떠들어도 '개소리'라고 하는 사람에게 '머니'의 소리는 들리지 않았다. 나는 부모가 '머니'의 소리를 빨리 알아듣고 최대한 빨리 반응하기를 바란다.

아이와 함께 시작하는
해피코인 프로젝트

아직 실물 '돈 공부'가 이르다고 생각한다면 부모가 발행하는 '해피코인 프로젝트'는 어떨까? 아래는 실물 돈이 아닌 가정에서 발행한 '해피코인'을 주고받으며 쓴 기록장이다.

해피코인 용돈기록장

책만 읽어도 돈을 번다고?

우리 집 '해피코인 프로젝트'의 규칙은 책만 읽어도, 독서록만 써도, 숙제만 해도, 약속한 공부만 해도 '코인'을 벌 수 있다.

처음에는 코인으로 동전 초콜릿을 이용했는데 아이들이 너무 열심히 수익을 내니 초콜릿 구입이 감당이 되지 않아 금화와 은화를 구입해서 사용했다. 코인 통에 모이는 코인을 보며 아이들은 '코인 벌이'에 열심히 임했다.

가끔 애매한 경우 부모의 중재가 필요하기도 했다. 글밥은 적은데 페이지는 많은 〈00층 나무집〉 시리즈 책 같은 경우는 코인을 어떻게 지급할지 가족 회의도 필요했다.

비교적 규칙적인 생활을 하던 아이들이었는데 코로나 이후 학교를 가지 않거나 '화상수업' 하는 날이 많아지자 일상생활의 루틴이 깨지기 시작했다. 이에 해피코인을 얻는 방법 중 하나로 잠을 일찍 자는 것도 포함시켰는데 의외로 아이들이 정해진 시간에 잠자리에 드는 효과를 볼 수 있었다.

유튜브 당당하게 돈 주고 본다

유튜브와 휴대폰 사용 시간은 어느 가정이나 골칫거리이다. 일정 시간 이상 유튜브를 시청하고, 사용 시간을 자제하지 못하는 문제로 아이들과 부모 관계가 틀어지기도 한다.

해피코인 프로젝트를 시작하고 아이가 번 코인으로 당당히 유튜브를 보니 잔소리를 줄일 수 있었다. 부모로서 '돈 떨어지면 그만 보겠지?' 하는 생각도 있었고, 유튜브를 보기 위해 쓴 지출만큼 책을 읽거나 가사 일을 도와 소득을 벌어들이니 유튜브 시청이 크게 거슬리지 않았다.

파격적으로 휴대전화를 하루 종일 보지 않으면 코인 3개를 획득할 수 있는 조건을 내걸었다. 만약 휴대전화를 10분 본다면 코인 한 개를 내야 하는데 하루에 10분만 봤는데 기회비용으로 날아간 코인 3개를 치면 결국 코인 4개를 잃는 것과 마찬가지니 아이들은 휴대전화를 멀리하기 시작했다.

필자의 딸은 돈을 아끼는 스타일이라 휴대전화를 절대적으로 멀리했다. 다만 너무 조이면 언젠가 규칙이 무너질 거 같아서 주말에는 2시간 동안 코인 지출 없이 휴대전화를 사용할 수 있게 했다. 이렇게 규칙을 정하니 엄마로서 마음이 편해졌다. 휴대전화 전쟁에서 조금은 벗어난 것 같았다. 물론 아들은 저학년이라 '기회비용'은 와닿지 않았기에 하루에 10분씩, 20분씩 야금야금 코인을 쓰기도 했다.

다음 페이지에 나오는 해피코인 얻는 법과, 해피코인 지출하는 법을 프린트해서 집에서 가장 잘 보이는 곳에 붙여 놓고, 아이와 함께 활용해 보자. 각 가정의 상황에 맞추어 내용을 조금씩 변경해도 좋다.

Happy Coin 얻는 법(수입)

1. 내 지식을 풍부하게
1) 당일 학교 숙제 → Happy Coin 1개 획득
2) 당일 학습지 숙제 → Happy Coin 1개 획득
3) 당일 학습기기 숙제 → Happy Coin 1개 획득
→ 1)~3)은 당일 숙제에 한함.

2. 내 마음을 건전하게
1) 하루 종일 휴대전화 안 보기 → Happy Coin 3개 획득
2) 독서
   a) 고학년 : 매일 30페이지 이상 독서 시 Happy Coin 획득 자격
   p.30 ~ p.59 → Happy Coin 1개 획득
   p.60 ~ p.89 → Happy Coin 2개 획득
   p.90 ~ p.119 → Happy Coin 3개 획득
   b) 저학년 : 매일 50페이지 이상 독서 시 Happy Coin 획득 자격
   단, 그림동화책은 권당 Happy Coin 0.5개 획득
   p.50 ~ p.99 → Happy Coin 1개 획득
   p.100 ~ p.149 → Happy Coin 2개 획득
   p.150 ~ p.199 → Happy Coin 3개 획득
3) 독서감상문 작성
   50페이지 미만 책 읽고 독서감상문 시 → Happy Coin 1개 획득
   p.50 ~ p.99 → Happy Coin 2개 획득
   p.100 ~ p.149 → Happy Coin 3개 획득
   p.150 ~ p.199 → Happy Coin 4개 획득
   p.200 ~ p.249 → Happy Coin 5개 획득

3. 내 몸을 튼튼하게
1) 운동 10분당 Happy Coin 1개 획득
2) 밤 9시 이전에 잠들기 → Happy Coin 3개 획득
2) 밤 10시 이전에 잠들기 → Happy Coin 2개 획득

4. 우리 집을 행복하게
1) 정리정돈(책, 장난감, 보드게임 등) → Happy Coin 1개 획득
2) 엄마 마사지 해드리기 → Happy Coin 1개 획득

Happy Coin 지출하는 법

금화 1개 = 은화 2개

1. 휴대전화 보기(유튜브, 게임)
　→10분당 Happy Coin 1개 반납

2. 10시 이후 TV 시청 시
　→10분당 Happy Coin 1개 반납

3. 남매 간의 말싸움, 목소리 크게 내기, 나쁜 말 사용, 울음 등
　→Happy Coin 2개 반납

4. 9시 이후 밥 먹기, 과자 먹기, 음료수 먹기 등
　→Happy Coin 2개 반납

5. 아빠, 엄마가 약속을 안 지키면
　→Happy Coin 10개 획득

Happy Coin 교환

Happy Coin 금화 1개 = Happy Coin 은화 2개
1. Happy Coin 금화 25개 -> 선물 쿠폰 지급
2. Happy Coin 금화 50개 -> 소원 쿠폰 지급

해피코인
운영의 장점

1. 아이가 스스로 소득과 지출에 대한 규칙을 세울 수 있다.

2. 용돈기입장을 쓰는 연습이 가능하다.

3. 돈 벌기의 어려움을 스스로 느끼게 하여 소비를 줄일 수 있다.

4. 자신의 코인 통을 눈으로 확인하며 규모 있는 경제생활을 할 수 있다.

5. 일찍 자고 일찍 일어나는 바른 생활 태도를 내면화할 수 있다.

6. 휴대전화와 TV 시청, 게임과 유튜브로 인해 발생하는 문제를 줄일 수 있다.

7. 책을 읽고 독서기록장을 열심히 쓴다.

8. 협력하여 가사 일을 돕는다.

9. 규칙적인 생활을 한다.

10. 내 아이의 '경제생활'을 가늠해 볼 수 있다.

해피코인을 일 년 동안 운영해 보니 '경제 교육'을 재미있게 시작할 수 있었다. 아이들도 금화, 은화처럼 진짜 돈이 아닌 장난감 돈을 실제로 만지고 거래하면서 '돈' 감각을 기를 수 있었다. 꾸준히 용돈기입장을 쓰면서 소득과 지출을 스스로 정리하는 시간도 가졌고, 가끔 볼멘소리를 했지만 돈을 벌기가 얼마나 힘든지 깨달았다.

부모로서 내 아이의 경제관념을 잘 알게 된 것도 소득이었다.

큰딸은 어렵게 번 돈을 잘 지출하지 않는 아이라는 걸, 작은 아들은 번 돈은 필요하다면 쓰는 아이라는 걸 알게 되었다. 한 마디로 내 아이의 '경제생활'을 미리 가늠해 보는 좋은 기회였다. 큰딸에게는 '저축'만이 미덕이 아니라고 가르쳤고, 아들에게는 '지나친 소비'를 경계하게 했다.

신기하게도 '해피코인'은 가정에서 정말 실물 돈처럼 쓰였다. 남매가 작당하고 지하 경제를 활성화하기도 했다. 부모 몰래 하는 '암거래'라고 할까?

"누나가 양보할 테니까 네가 코인 한 개 줘."

"누나! 코인 두 개만 꿔 주면 내가 다음에 3개로 갚을게."

사채까지 발행하며 남매끼리 경제생활을 하기 시작했다.

부의 차이가 보이는 아이들의 저금통

　당장 아이에게 용돈을 주고 관리하는 게 부담스럽다면 필자의 가정처럼 해피코인 프로젝트는 어떨까? 꼭 같은 형태는 아니더라도 가족 간의 규칙을 세워 '경제 공부'를 해 보자! 내 아이는 분명 우리 부모 세대와는 다른 '똑똑하고 행복한 부자'가 되어 있을 것이다.

내 아이가 세상을 이끌어 갈 수 있는
기회를 주세요!

오늘도 역사는 진보합니다.

아이들의 내일은 어제와 오늘과는 또 다른 새로운 날이겠지요.

아이들이 내딛는 오늘의 한 걸음이 미래의 진보를 이끈다고 생각합니다.

모든 부모는 내 아이의 미래를 걱정하고, 아이의 안위를 최우선으로 생각합니다. 그러면서도 아이는 아직 어리니 모든 결정은 부모가 내리고, 부모로서 최선의 선택을 해 주려고 아등바등합니다. 때로는 그 선택을 후회하기도 하고, 조금 더 좋은 선택을 하지 못한 것에 미안해하기도 합니다.

그러나 요즘 아이들은 똑똑합니다. 무엇이 옳고 그른지, 어떻게 살아야 내가 경제적 자유인이 될지 바르게 판단할 수 있는 현명함을 가지고 있습니다. 대신 부모가 툭 건드려 주고, 손 잡아 줘야 아이도 깨어날 수 있습니다. 우리 아이들은 미래에 '경제적 유목민'이 아닌 '경제적 자유인'이 되어야겠지요.

부모가 단단해져야 아이가 든든해집니다.

금융 공부는 어렵고, 선택에 따른 불안함과 후회가 있을 수 있습니다. 하지만 아이에게 '돈 교육'을 시키고, '바른 돈의 가치'를 가르칠 사람은 부모밖에 없습니다. 부모가 현재 금융문맹 상태라면 아이는 가난에서 벗어날 수 없습니다. 부모가 부딪혀야 문맹을 깨고 앞으로 나아갈 수 있습니다. 그래야 내 아이도 '경제적 자유인'으로 성장할 수 있습니다.

두려워하지 마세요.
부모인 우리는 종국에는 해낼 수 있습니다.

주식 시장이 불안하고 집값은 하늘 높은 줄 모르고 치솟고 있습니다. 처음 자리 잡은 곳이 어느 동네였는지가 부의 수준을 결정짓고, 망설이다 구입하지 못한 집이 날개 단 듯 가격이 치솟는 것을 보고 속을 끓이셨을 겁니다.

기회는 또 옵니다. 동학 개미와 서학 개미를 끌어들였던 주식 시장은 현재 침체기입니다. 그렇게 미국 주식에 열광하던 서학 개미들이 손해를 보고 주식을 팔고 있습니다. 그 돈이 외국 주식이 아닌 한국 주식 시장에 흘러들어 회사에 투자되고 기술에 투자되었다면 얼마나 좋았을까요?

그동안의 경험으로 볼 때 주식 시장은 늘 좋지만은 않았습니다. 대신 꾸준히 우상향했습니다. 믿을 만한 기업에 투자했다면 시간을 두고 지켜보며 아이와 함께 기업 공부를 해 보는 시간을 가져 보길 권합니다. 아이가 좋아하는 기업에 투자하고, 장난감 대신 그 회사의 주주가 될 수 있는 기회를 주세요.

아이는 유럽의 어느 나라에서 수입해 온 값비싼 유모차를 태워 준 것에 고맙다고 부모에게 인사하지 않습니다. 10여 년 전 100만 원이 넘는 유모차를 구입하는 대신 국내 우량주나 미국의 구글, 애플에 투자했다면 현재 아이의 대학 한 학기 등록금은 여유 있게 모았을지도 모릅니다.

부모님들! 기회는 또 옵니다. 놓친 기회에 좌절하지 마시고, 아이에게 돈을 잘 벌고, 잘 쓰고, 잘 모으는 방법을 알려 주셔야 합니다. 또 내가 번 돈 중에 일부는 사회의 몫으로, 함께 살아가는 사람들의 몫으로 돌려주는 '기부'도 가르치셔야 합니다.

현재 대한민국에는 공식적인 계급이나 신분에 따른 차별은 없으나 부의 피라미드는 존재합니다.

우리 아이가 노동자로만 살아야 할까요?

사교육에 부모의 은퇴 자금을 쏟아붓고, 아이가 좋은 대학에 가서 좋은 회사에 취직하면 잘사는 걸까요?

유대인 아이들의 90%가 꿈꾼다는 창업.

내 아이에게 왜 기업가 정신은 가르치지 않는 걸까요?

현재 초등학생이 성인이 되면 현재 알고 있는 직업 중 60% 이상이 사라진다고 하는데 부모는 어떤 대책을 준비하고 있나요?

자! 부모님들! 내 아이가 세상을 이끌어 갈 수 있는 기회를 주세요. 돈을 공부하고 돈의 가치에 대해 현명하게 판단할 기회를 주세요. 작은 용돈 교육부터, 저축, 투자, 기업가 정신까지 아이에게 할 수 있는 경제 교육을 시켜 주세요.

라푼젤의 새엄마처럼 '엄마가 모든 걸 다 해 줄게'로 아이의 자립심을 꺾지 마시고 '최대한 빨리 실패의 경험을 하라'는 픽사의 경영 방침처럼 실패의 경험도 맛보게 해 주세요. 그걸 딛고 일어나 성공하는 아이로 자랄 수 있도록 부모가 단단하게 지켜 주셔야 합니다. 부모가 먼저 두려워하고 체념하지는 말아 주세요.

요즘 아이들 똑똑합니다. 세계에 내놔도 가장 똑똑한 아이들로 칭송받는 아이들입니다. 유대인들은 세계 경제의 20%를 잡고 있습니다. 우리는 왜 못할까요? 우리의 똑똑한 아이들은 더 잘할 수 있습니다. 아이를 믿고 최대한 어릴 때부터 경제 교육을 시켜야 합니다.

당장 아이 이름의 주식 통장, 청약 통장을 만들고 가능한 선에서 증여를 신고하고, 미래를 대비해야 합니다. 대비하지 않으면 아이들이 평생 지금의 삶에 만족하며 낡은 집에서 부스러기만 모아 먹어도 편안하다고 말하는 시골 쥐가 될 수 있습니다. 어떤 삶이 행복한지는 그 누구도 모르지만 알고 행동하지 않는 것과 전혀 몰라서 못하는 건 분명 차이가 있습니다.

이 책은 부모가 내 아이를 '선한 부자'로 키울 수 있는 방법을 이야기하고 있습니다. 내 아이는 우리보다 조금은 더 멋진 삶을 살아야 하지 않겠습니까?

저도 엄마로 직장인으로 열심히 살고는 있지만 늘 부족한 부모입니다. 부족하기 때문에 열심히 공부하고 내 아이는 '경제적으로 자유롭게' 살 수 있도록 여건을 마련해 주기 위해 노력하고 있습니다. 아마 모든 부모들의 마음은 같겠지요.

교실 속의 아이들도 제각각이에요. 포켓몬 빵에 열광해서 매일 줄을 서며 소비 플렉스 하는 아이,《12살에 부자가 된 키라》같은 경제서를 읽고 소비를 절제하는 아이. 교사로서 저는 제 자리에서 아이들 경제 교육에 최선을 다하겠습니다. 부모님들은 가정에서 꼭 아이들에게 힘이 되어 주세요. 경제 선생님이 되어 주세요.

모두의 인생은 누군가의 희생으로 만들어집니다.

제가 글을 쓸 수 있는 시간은 저희 아이들을 돌봐 주시는 친정 부모님 덕분이고요. 제가 경제적으로 편안하게 투자할 수 있는 건 묵묵히 일하는 남편 덕분입니다. 또, 경제 교육에 즐겁게 참여해 주는 저희 딸 소빈이와 아들 준우 덕분에 아이디어를 얻습니다.

모두의 희생과 사랑이 모여 책이 완성됐습니다.

믿고 맡겨 주신 더디퍼런스 조상현 대표님과 김주연 실장님, 예쁘게 책을 만들어 주신 디자인IF에 진심으로 감사드립니다.

내 아이들의 내일의 진보를 위해 파이팅! 입니다.

내 아이들의 미래를 멋지게 그려 봅니다.